図解 なるほど! これでわかった

よくわかるこれからのWEBマーケティング

消費者の行動が「紙からデジタルへ」とシフトする中、販売促進の手法もWEBの比率が高まっている。WEBマーケティングの全体像と個別の手法を、最新事例を交えつつ図とともに解説

船井総合研究所

同文舘出版

はじめに

本書を手に取っていただき、誠にありがとうございます。

本書はＷＥＢマーケティングにおいて必ず押さえておきたいことを網羅したものです。難易度の高い、一部の企業だけが必要とするものではなく、地方の企業も中小企業の方も必要なＷＥＢマーケティングの情報を掲載しております。

本書は株式会社船井総合研究所という経営コンサルティング会社で、特にＷＥＢマーケティングの現場に携わってきた7名が共著で書いたものです。ＷＥＢマーケティングの目的は、テクニックを駆使することではなく、業績アップにあると我々は捉えています。皆さまの企業において、ＷＥＢマーケティングを通じて業績アップにつなげていただきたく、本書を発刊するに至りました。

地方や中小企業のＷＥＢマーケティングはこれからが本番です。たくさんのテクノロジーやＷＥＢメディアが現われていますが、これを自社のマーケティング活動に取り入れ、かつ、成果にまでつなげている企業はまだまだ多くはないのが実情です。

我々がコンサルティング活動のために全国をくまなく回る中で実感しているのは、これからの企業活動において、ＷＥＢマーケティングを中枢に据えるのは必須である、ということです。

今からでもまったく遅くはありません。ニュースで目にするのは最先端のことばかりで、自社でどのように活用したらよいのか、おそらくまだ数年先なのではないかという感覚をお持ちの方も多いと思います。

しかし、本書を読んでいただければ、来月から自社のマーケティングで取り組むべきことがわかるはずです。現場で活用できてこそのＷＥＢマーケティング、成果があがってこそのＷＥＢマーケティングです。

皆さまの販促活動において、ＷＥＢサイト制作やＷＥＢ広告を展開するために大切な経費を投じています。この経費に対してどれくらいのリターンが適正なのか、また、成果をあげるにはどのようなポイントを押さえればよいのか――成果を出すためのマニュアル書として本書をご活用いただければと思います。ＷＥＢへの苦手意識を持たれている方は、本書でぜひ払拭しましょう。着手はしているものの、あまりうまくいっていない方は、この機会に成功のポイントを再整理しましょう。

ＷＥＢマーケティングのノウハウは日々変化しています。その変化に対応していくためには、まず自社のマーケティングの中枢にＷＥＢを据えて、成功も失敗も繰り返すことです。中途半端に取り組むと、もちろん成功確率は下がります。本腰を入れてＷＥＢマーケティングに取り組み、来たるべきさまざまな市場や技術の変化に、スピーディーに対応できる企業体質を作っていきましょう。

本書が皆さまの経営のお役に立つことを、著者一同、心より願っております。

第2章

検索に対応する キーワード関連のWEBマーケティング

第3章 検索されなくてもアプローチできるディスプレイ広告関連のWEBマーケティング

第4章 当たるホームページ・ランディングページの作り方

第5章 見逃せない！ WEBに必須の動画マーケティング

第6章 SNS関連のWEBマーケティング

第7章 WEBマーケティングの分析項目

第8章 グレートカンパニーになるためのWEBブランディング

第9章 これからのWEBマーケティング

カバーイラスト　野崎一人　本文デザイン・DTP　明昌堂

第1章

WEB マーケティングの基本

▶section

実は理解している人が少ない section 1

WEBマーケティングとは何か

単なるＷＥＢ広告と勘違いしてはならない

ＷＥＢマーケティングとＷＥＢ広告は異なるもので、ＷＥＢ広告はＷＥＢマーケティングの手法の一部です。マーケティングを端的に言うと、どんな意味になるでしょうか。次のように考えるとわかりやすくなります。

「マーケティング」を分解すると、「Ｍａｒｋｅｔ＝市場・顧客」と「ｉｎｇ＝変化」の２つにわけられます。つまりマーケティングとは「顧客の変化に対応し続けること」と捉えるとシンプルになります。

その頭にＷＥＢがつくわけですから、ＷＥＢマーケティングとは「顧客の変化にＷＥＢを中心に対応し続けること」ということになります。つまり、顧客の変化をまず把握することが根幹であり、その対応策としてＷＥＢを中心に据えて考えるのですが、それはＷＥＢのみで対応するという意味ではないことを最初にしっかりと認識しておく必要があります。

▼WEBのテクニックは重要ではない

よくＷＥＢ広告の専門家が陥りがちなことがあります。それはテクニックや知識におぼれて、ＷＥＢ以外のマーケティング活動との連携が欠如したり、消費者心理を見失うという点です。

ＷＥＢありきで考えるのではなく、消費者起点、消費者視点を出発点にして考えることを決して忘れないようにしましょう。

▼マーケティングの本質は同じ

皆さんの業界の市場動向、顧客ニーズ、競合動向、自社としての事業計画や強み、弱み、これらを明確にしながら進めていくことは、ＷＥＢマーケティングにおいても必須のことです。

そこに加えていくべきは、ＷＥＢに関するさまざまな技術やノウハウを知り、上流の分析や計画を最終的なアクションへ落とし込む際に、従来のマーケティング活動よりも幅広いアクションと高い成果へとつなげていくことです。

WEBマーケティングのシンプルな捉え方

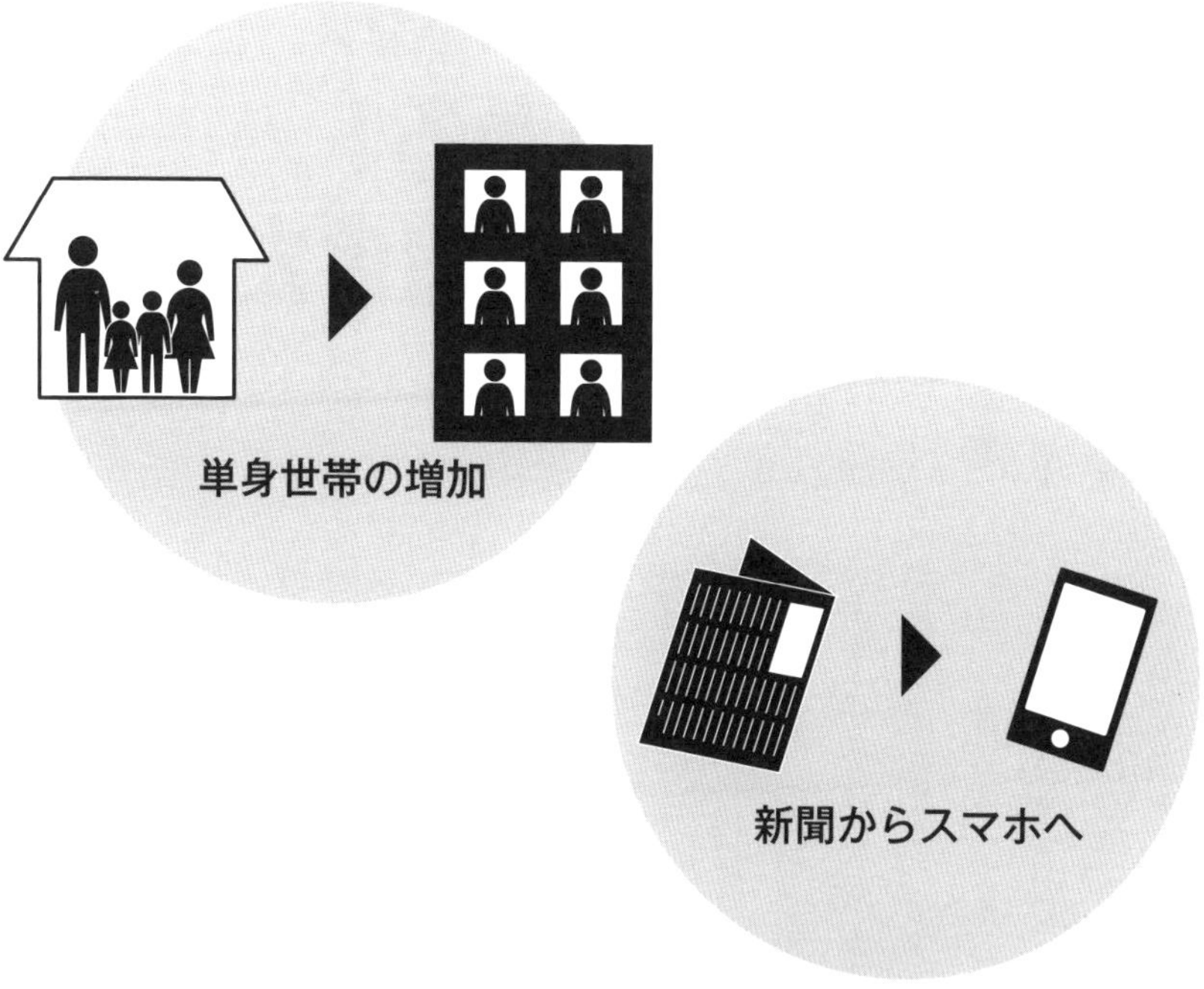

マーケティング

＝

Market + ing
（顧客）　（変化）

＝

顧客の変化に対応し続けること

section 2

まだまだ伸びるWEB市場

WEB市場の今がわかる！押さえておきたい数字

市場規模はどれくらい？

▼WEBは広告全体の2割を占める

ネット広告の市場は、電通総研によると２０１６年現在で1兆３１００億円です。前年比では１１３％、５年前の２０１１年と比較すると１６２％と大きく伸長しているのが見てとれます。日本全体の広告市場が6兆２８８０億円ですから、全体の20％を占めています。

これが今後さらに増えていくのか、またそれはどれくらい伸びていくのかを推察するとすれば、アメリカの市場と比較するといいでしょう。

アメリカのテレビ広告市場が約７兆９２００億円であるのに対して、日本は１兆９６５７億円と、約４分の１の規模です。

アメリカの人口は3億１９００万人で日本の２・５倍ですが、広告に如実に影響するのはＧＤＰなので、ＧＤＰで比較してみます。アメリカのＧＤＰは19・４兆ドル、日本は５・1兆ドルと日本の約4倍なので、テレビ広告費4倍の辻褄が合ってくるのです。

アメリカでは２０１７年にネット広告がテレビ広告を抜く見通しで、市場規模は8兆５０００億円になる見込みです。この４分の１が日本のネット市場だと計算が合う形になりますが、今の日本のネット広告市場は1兆３１０億円でアメリカの６分の１ほどとなっています。

つまり、日本のネット広告市場は今後まだまだ伸びていくことが予想されます。アメリカの４分の１の市場規模に到達したときには2兆円を超えることとなり、まさにテレビ広告の市場を追い抜く形となります。

▼普及する「ネット対応テレビ」

それを後押しするひとつの象徴的な数字が、左ページにもある通り、ネット対応テレビの普及です。現時点で１８３１万世帯に普及しているネット対応テレビが、２０２０年までに３０００万世帯ほどにまで伸長する予想が出ています。つまり日本の全世帯の約55％です。

ネット広告の市場規模とネット対応テレビの普及率

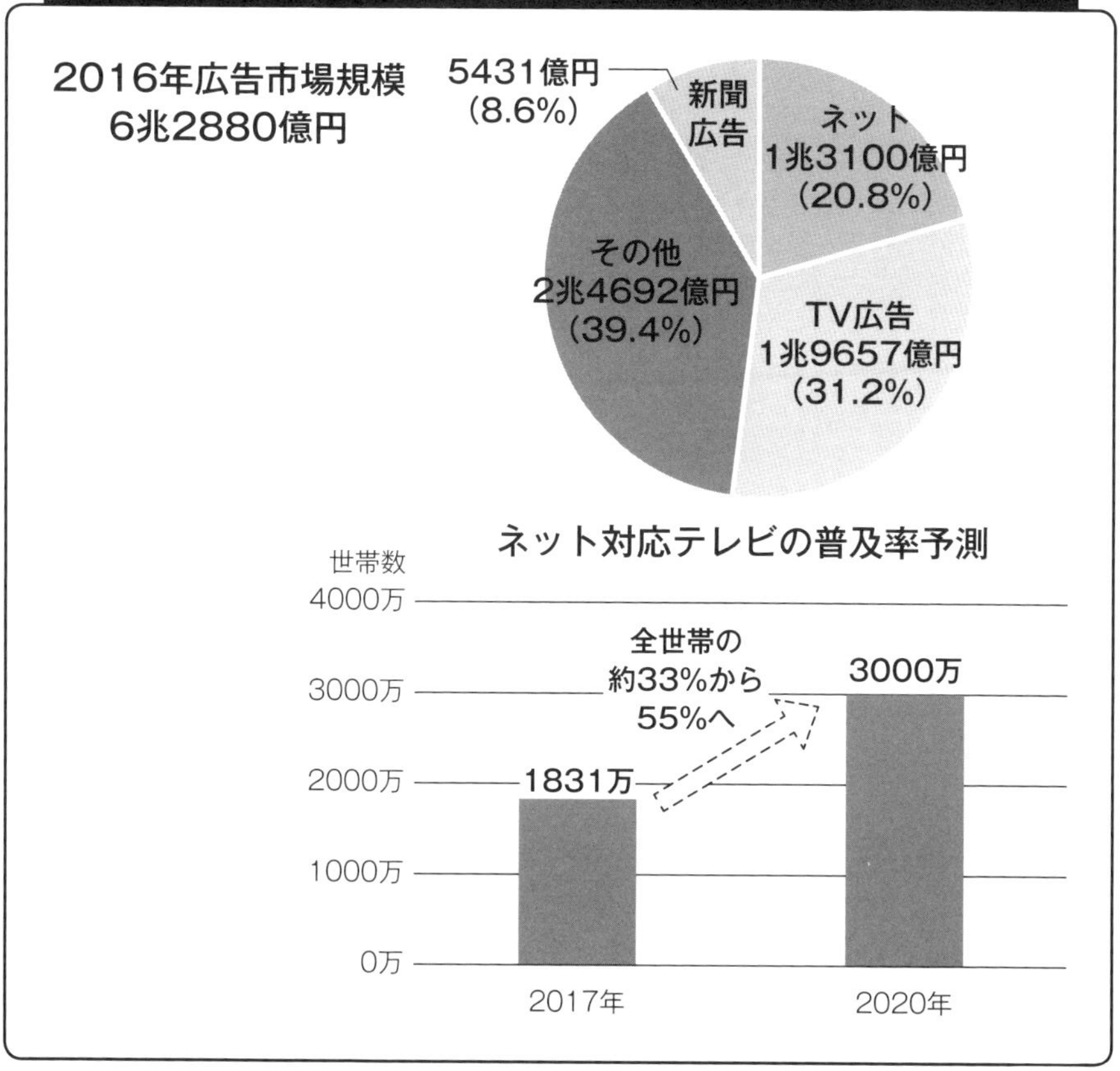

家電量販店に行けば、その動きを体感することができるでしょう。売り場には「ネット対応テレビしか売られていない」と言っても過言ではありません。テレビでテレビ番組を見るのではなく、テレビでネットニュースを見たり、YouTubeを見る、ネットフリックスなどの有料放送を見るということが、より一般的になっていくということです。

スマホを含め、このようなネット環境が整備されることで、企業のマーケティング活動のWEBシフトがさらに加速しそうです。

2020年になってから急にマーケティングの軸をWEBにシフトすることは困難です。まだWEBが弱いなと思われる企業は今から本格的に着手し、今後来たるべき、さらなるWEBファーストの時代に対応する企業体質を作っていきましょう。

変わりゆくプロモーションの主流　section 3

折込みチラシからスマホチラシへ

折込みチラシと基本的な流れは同じ

WEB上における折込みチラシのことをスマホチラシと命名したとしましょう。印刷物の折込みチラシとWEB上のスマホチラシ、この2つを並べて比較してみると、WEBに苦手意識がある人にも、どういう流れでWEB広告が成り立っているのか、その基本構造がわかりやすくなります。

まず、「さぁチラシを作ろう！」という段になって最初に考えることは、どんな企画内容をチラシにすればよいのだろう？　ということです。決算セールがいいのか、プレゼントキャンペーンがいいのか、タイミングやターゲットによっていろいろと悩むことでしょう。

そうして企画を決めたら、その企画をデザインに落とし込みます。ここで目に見える状態になってきました。次に折込みチラシなら印刷をします。スマホチラシの場合はコーディングをしてWEB上で見える状態にします。この段階で折込みチラシは目の前に印刷物があり、スマホチラシはWEB上で見える状態になりました。しかし両方ともまだ誰にも届いていません。折込みチラシは新聞販売店経由で皆さんの自宅にチラシを届けます。「配送」というステップですね。これをスマホチラシに置き換えると、「配信」という工程になります。折込みチラシはどのエリアに配布するかによって新聞販売店を選択し、配布の最適化を図ります。スマホチラシもこれと同じで、どの配信先にスマホチラシを乗せれば最も効果が上がりそうなのかを考えて、消費者へチラシを届けていくのです。折込みチラシにとっての新聞販売店が、スマホチラシにおいてはフェイスブックやYDN、GDN、DSP、LINEという配信先になるということです。（30～31ページ参照）

ターゲットに響く企画を考え、それをデザインにし、最適な方法でターゲットに配信・配送する。スマホチラシの場合はターゲット別に複数パターンを作って配信しやすいという利便性も備わっているのが特徴です。

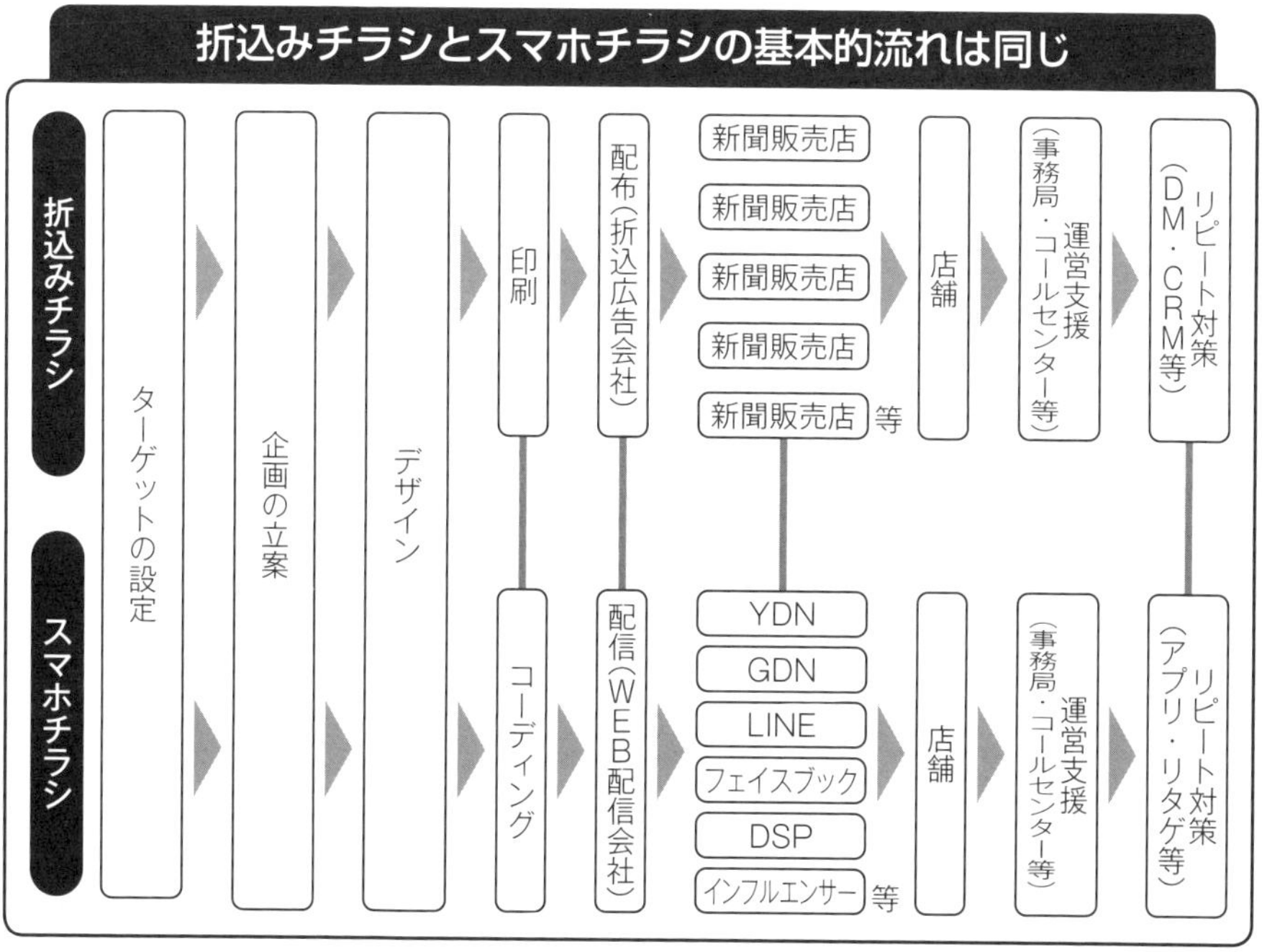

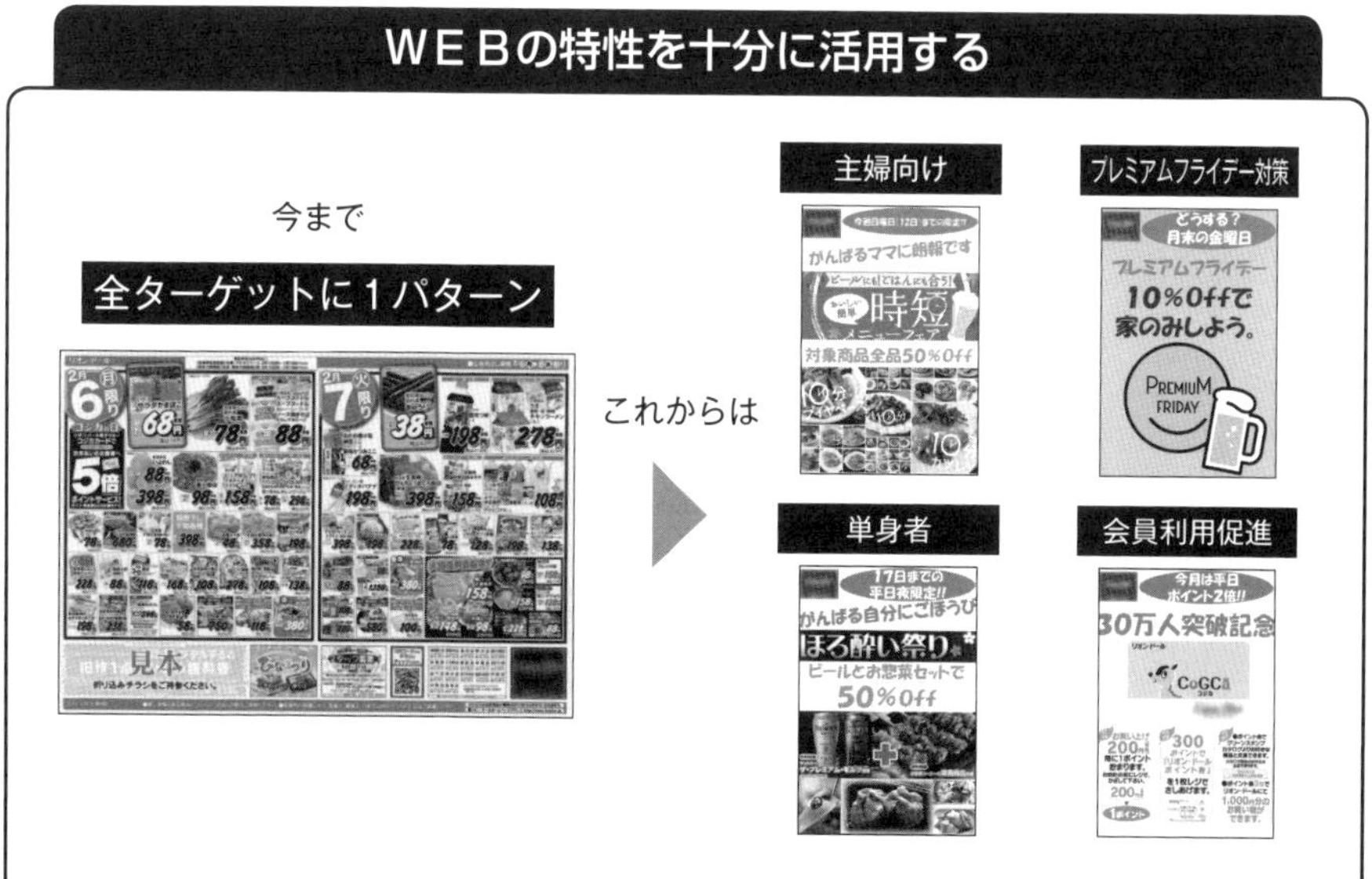

今までの折込みチラシは１パターン。ＷＥＢではターゲット別に訴求内容を分けて展開することができる。しかも安価に。この特性を活用して販促効果を上げていく

section 4

すべては業績アップのためにある

目的を見失うと、間違った道をひたすら歩むことになる

WEBマーケティングに携わる中で、次のような間違いに陥ってしまうことが少なくありません。

それは、本来の目的である、売上や客数の目標を把握していないということです。WEBマーケティングの中身の細かな数字を確認することはもちろん大事です。どれくらい自社のサイトが見られているのか、どれくらいの資料請求があるのかなど、WEBマーケティングの効果に関わる数字を確認することはもちろん不可欠です。しかし、これらを検証することばかりで満足していてはいけないということに十分に気をつけましょう。

▼この質問に答えられるか?

「今回のプロモーションにおける売上目標はいくらですか? 客数目標はいくらですか?」と聞かれて答えられるようにしましょう。

WEBマーケティングを行なう際には、売上目標・客数目標に至るための設計をしなくてはならないのです。WEBサイトの閲覧数が前月比200%の1500になったからといって、それが合格点とは限りません。目標とする客数に至るために必要な閲覧数が3000だとすれば、いくら前月から伸びたとしても、1500の段階で喜んでいてはいけないのです。実は大手企業のWEB担当者でも、こうした状況に陥りがちです。本来の目標を認識せずして、小さな項目の決定や事後の検証をしても、それは意味のないものになってしまいます。

▼一般論に惑わされない

一般的にWEBサイトの直帰率(トップページを見ただけでそのサイトを離れてしまう率)は60%以下が望ましいと言われていますが、これらの数字もあくまで〝一般的に〟であることを忘れないでください。

自社にとって必要な数字は、売上目標や客数目標から逆算して決まるのです。小さな範囲だけに目を向けて大海を見失うことのないように注意しましょう。

1棟を毎月追加で成約したい不動産住宅のWEBマーケティング数値事例

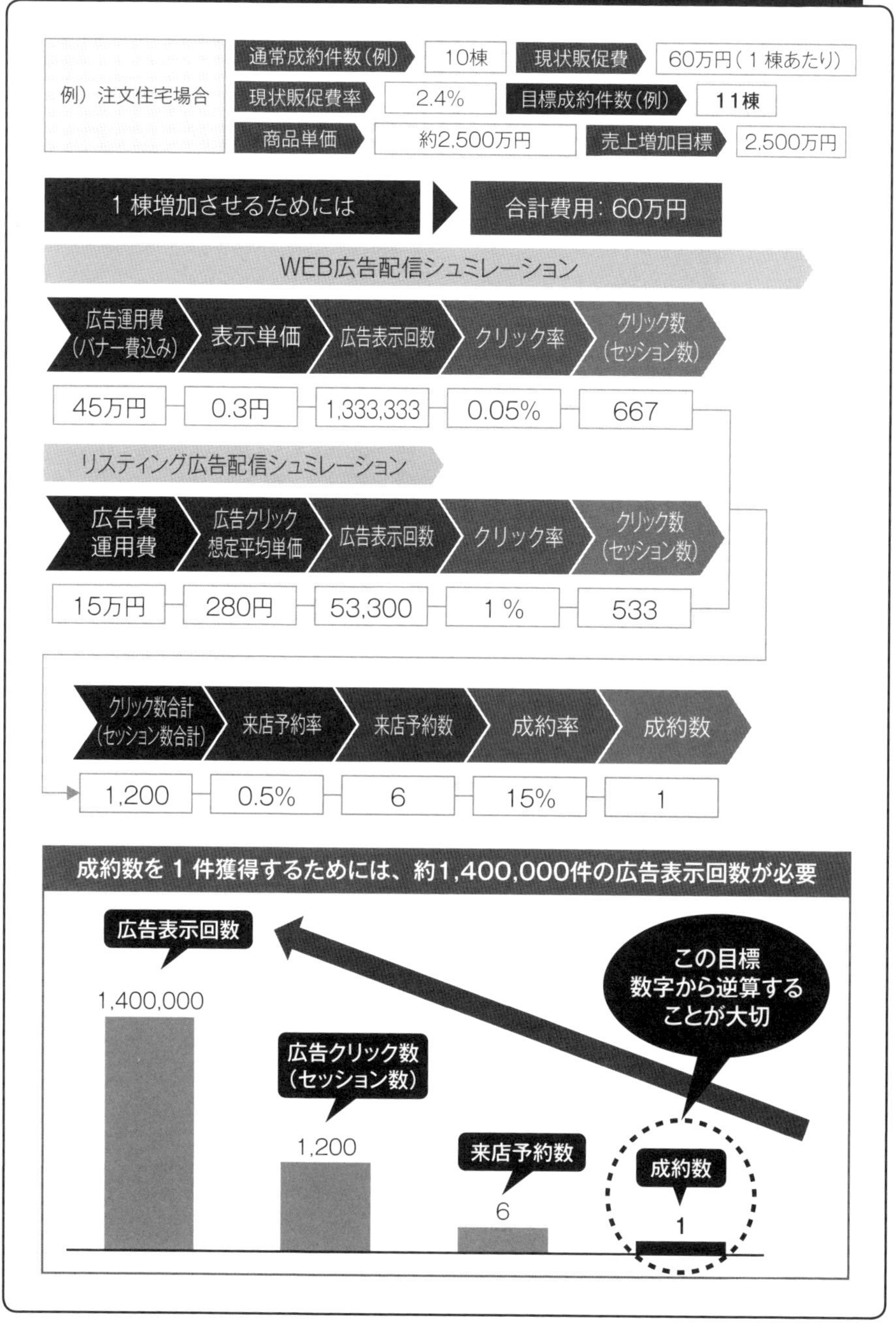

デジタル時代の時流適応の姿とは

section 5

メディアから脱却し、ダイレクトプロモーションへ

自社サイトを決しておろそかにしない

▼紙媒体以外の集客の柱を作る

　今や完全に「デジタル時代」を迎えていることは、皆さんもご存じの通りでます。その中にあって、どのように自社のプロモーションを変化させていくべきなのか。ここではその入り口をまず整理したいと思います。

　デジタル時代にシフトしたことで、新聞折込みチラシや新聞広告、テレビCMの集客効果が減ったという声が後を絶ちません。紙媒体、マス媒体の他に、WEB分野でもうひとつの集客の柱を作らなくてはならないのです。

▼自社サイトを集客の中心に

　そのために、まずは「自社のサイトを集客の要に据える」と決めなければなりません。これまではメディアに広告を出すことが中心で、いわば他人の場所を借りて告知をさせてもらっていたという状態だったのが、これからは自社のサイト（=自社の場所）を活用してお客様に商品を理解してもらい、店舗に来てもらい、最終的には購入していただく、という流れを作っていかなくてはなりません。

　折込みチラシやフリーペーパーの来店効果が以前よりも減少している場合、自社サイトを活用することで従来の紙媒体にも新たな役割を作ることになります。それは、自社サイトに誘導するという役割です。チラシを見てすぐ店舗に行くというアクションを起こしてくれない顧客に対して、WEBサイトで理解を深めてもらってから来店してもらう、という流れを作るのです。

　その際には紙媒体から自社サイトへの流入以上に大切になるのがWEB広告からの集客です。その中心となるのが、キーワード広告とディスプレイ広告（2章、3章を参照）です。WEBサイトに誘導するためには、WEB広告のほうが力を発揮しやすいのは言うまでもありません。紙媒体が届かない顧客や、アクションにつながらない顧客に対しては、WEBでアプローチを図り、店舗の集客数と購買人数に貢献していく流れを作る必要があるのです。

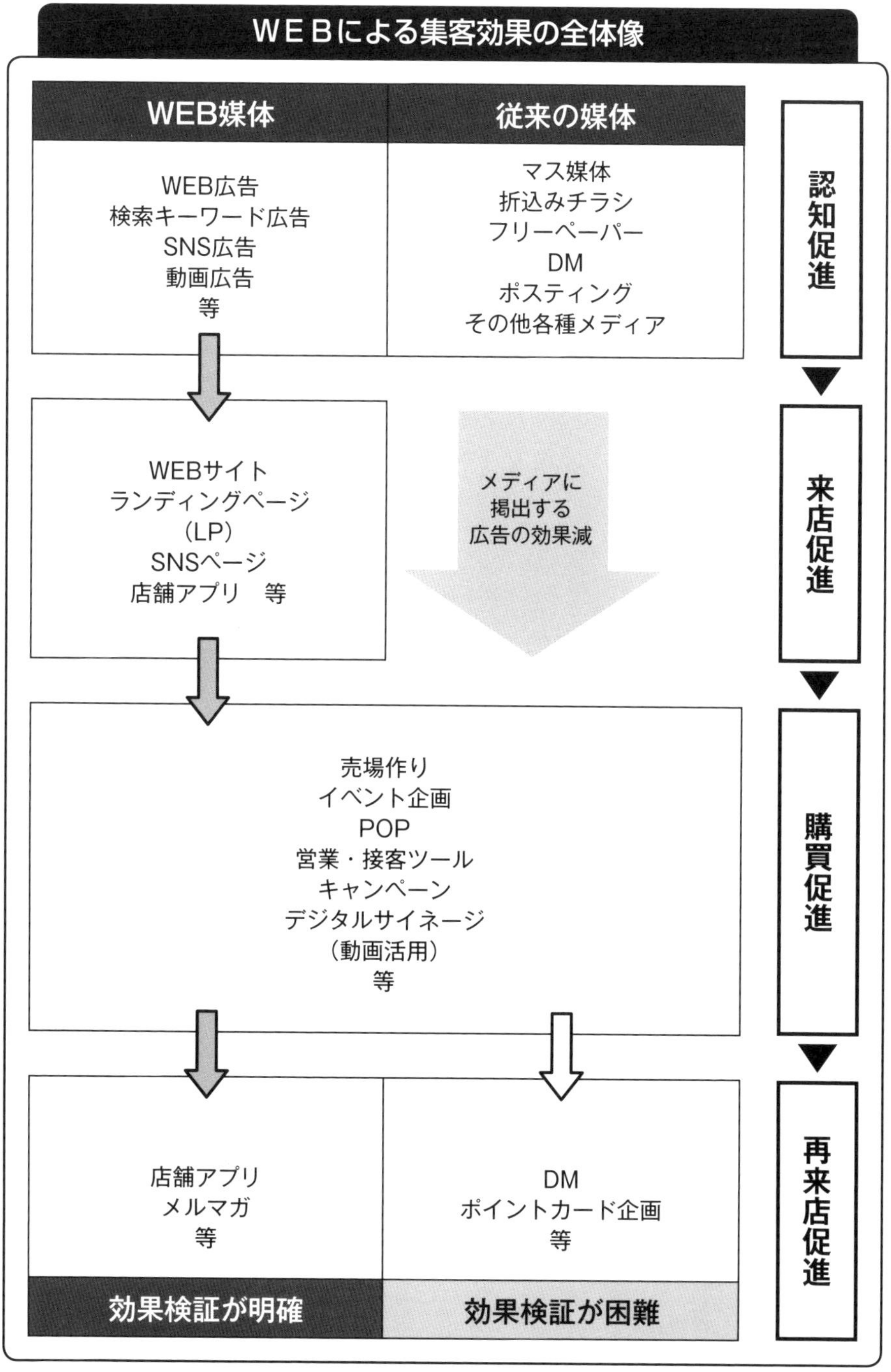
WＥＢによる集客効果の全体像
WEB媒体
従来の媒体
WEB広告
検索キーワード広告
SNS広告
動画広告
等
マス媒体
折込みチラシ
フリーペーパー
DM
ポスティング
その他各種メディア
認知促進
WEBサイト
ランディングページ
（LP）
SNSページ
店舗アプリ　等
メディアに
掲出する
広告の効果減
来店促進
売場作り
イベント企画
POP
営業・接客ツール
キャンペーン
デジタルサイネージ
（動画活用）
等
購買促進
店舗アプリ
メルマガ
等
DM
ポイントカード企画
等
効果検証が明確
効果検証が困難
再来店促進

スマホ普及率と新聞購読率の差

スマホ対応は常識の時代

総務省が平成26年に発表した統計データによると、日本のスマホ普及率は64・2%となっています。これに対して新聞購読率はどうでしょうか。主要な大手紙と地方紙の発行部数を世帯数で割ると、約58%となります。広告がリーチするインフラとして、スマホが新聞を上回ったのは明らかです。紙面という大きな面積で届くチラシと、小さな画面で見なければならないスマホという違いこそあれど、もはやスマホは情報伝達の主要インフラと言えるのです。

▼伸び率ナンバー1は実はシニア

世代別の普及率を見ると、20代、30代は男女ともに80%を超えています。注目すべきは40代以降です。普及率は40代男性が71・4%、女性が68・5%、50代男性が64・2%、女性が72%と20代、30代より低いとはいえ、伸び率については40代・50代女性が5倍以上、60代男性は20倍以上（2012年比）と、飛躍的な伸びをみせています。

シニアの人口比重が高まっていく日本において、この世代がこれからの消費のけん引役になることは間違いありません。シニア世代に対するプロモーションの基盤を作るためにも、スマホ対策は急務と言えます。

▼地方ももはや当たり前の時代

都道府県別のスマホ普及率を見てみると、47都道府県の中で一番普及率の低い高知県でも50%を保持しています。1位の栃木、2位の滋賀、3位の東京に至っては70%を超えています。もはや大都市だけの話、大手企業だけの話ではなく、地方での対応も急務であり、他人事ではないのです。

新聞やフリーペーパー等の紙媒体からしてみると、スマホ普及率は脅威なのかもしれませんが、それらの媒体もターゲットによっては十分に集客に寄与しています。大切なのは、自社の商品を販売したいターゲットに応じた販売促進へと変革することです。時代の変化に応じて情報提供のあり方も変化させていかなくてはいけないことを十分に意識しましょう。

都道府県別スマホ普及率

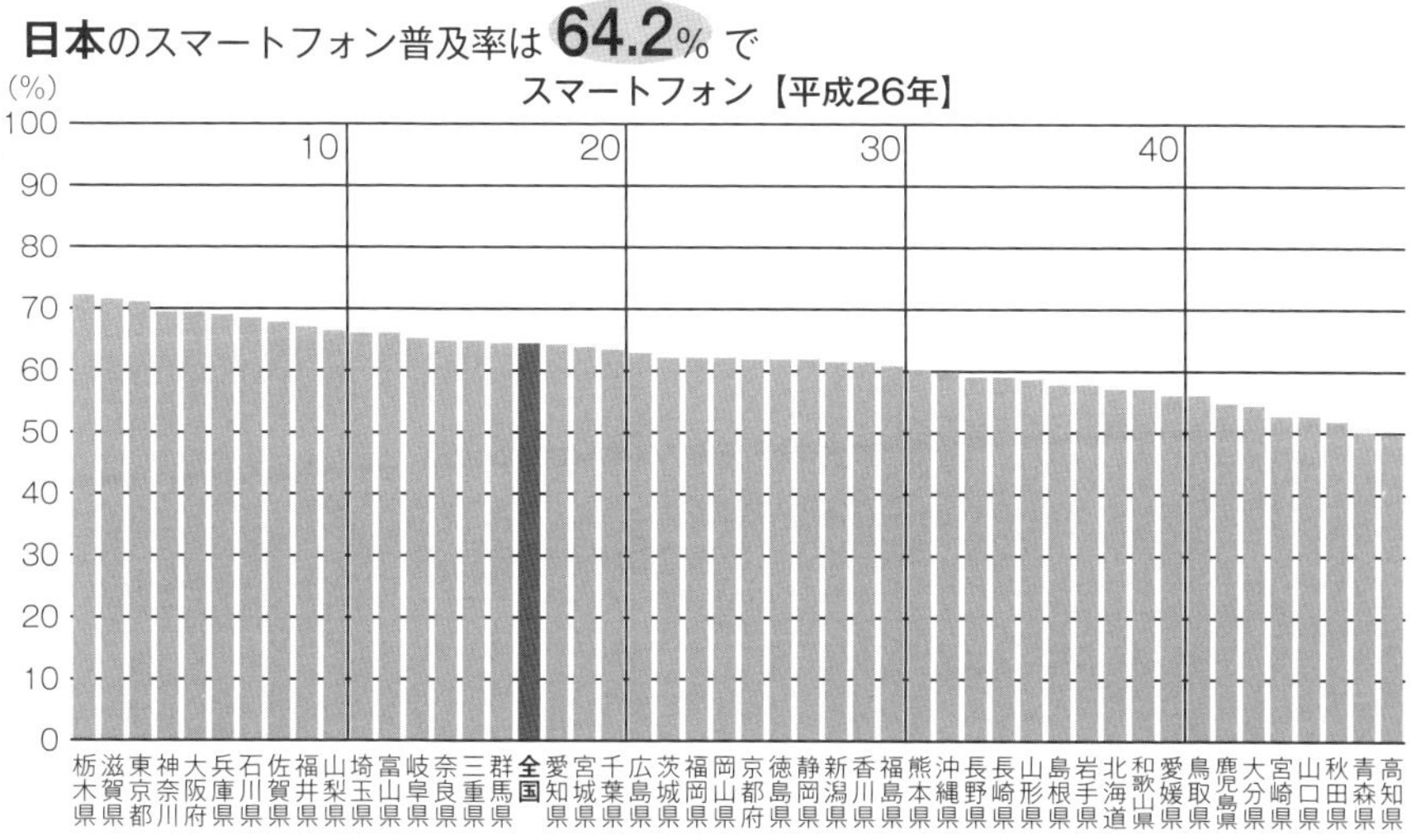

出所：総務省統計データ

スマートフォン年代・性別所有率（東京地区）

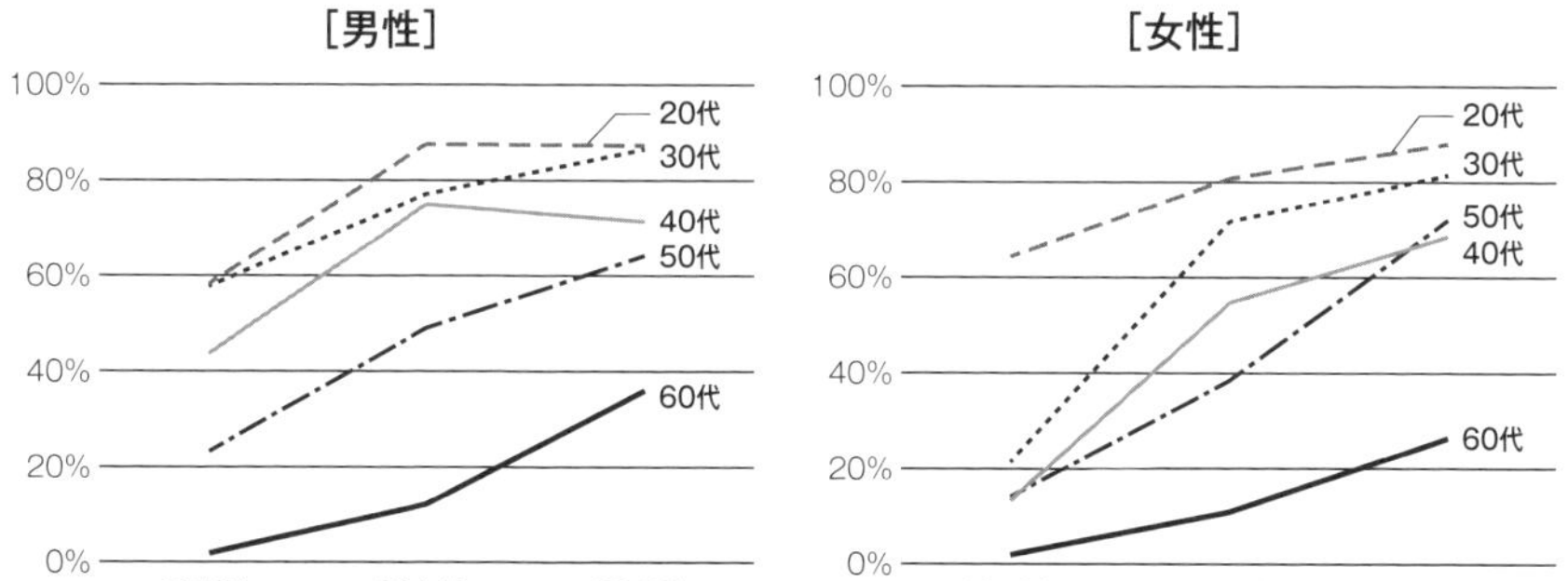

スマートフォンの保有率が高いのは20～30代であるが、年代別保有率の伸び率が最も高いのは60代、次いで50代、40代となるので、40代以降もスマートフォンでの販促対象になり得ると考えられる。

博報堂DYグループのデータを元に作成

地方でも整ってきたWEB配信

section 7

地方も待ったなし！のWEBマーケティング

配信はどれくらいできるのか？
地方でも可能なのか？

ＷＥＢマーケティングに携わっているとよく聞く声があります。それは「地方はまだじゃない？」という声です。３年前ならこの言葉は正しかったかもしれません。しかし、今となっては前述の全国都道府県別スマホ普及率にもある通り、地方も待ったなしの状況です。

では、地方ではＷＥＢマーケティングの展開がどの程度可能なのか、数字を挙げて説明してみましょう。左ページにあるように、石川県を例にとってみます。

石川県において1ヶ月でＷＥＢ広告を表示できる最大数は2億６７７６万回です。そのうちスマホへの配信可能数は１８２３万回。これはあるＷＥＢ広告配信会社1社のデータですので、実際にはこれがすべてではありません。しかし、すべてを網羅せずとも、これほどの量を配信できる環境がすでに整ってきているのです。

▼ここからターゲットを絞り込める

2億６７７６万回広告表示できるとしても、これをすべて展開することは効率的ではありません。この量を最大値として、ここからターゲットを絞り込んでいくのです。

石川県松任市に住んでいる30代の子供のいる女性、というように絞り込むと、この最大値の中からその対象数を引き抜いて配信することが可能になります。

「まだ地方は早いでしょ、地方ではまだＷＥＢは無理でしょ」。これは今やもう通じません。地方においてもＷＥＢマーケティングが展開可能なインフラが整ってきたのです。少し前までは、地方においてはＷＥＢ広告の対象となる母数があまりに少なく、展開することはできませんでした。しかし今では、石川県でもこのように展開可能な状態になっているのです。

もちろんこれは石川県に限ったことではなく、全国どこでもほぼ同じように配信環境が整ってきています。それを活用するかどうかは、各企業の広告

スマホ普及率全国7位の石川県で1ヶ月でWEB広告を配信できる量

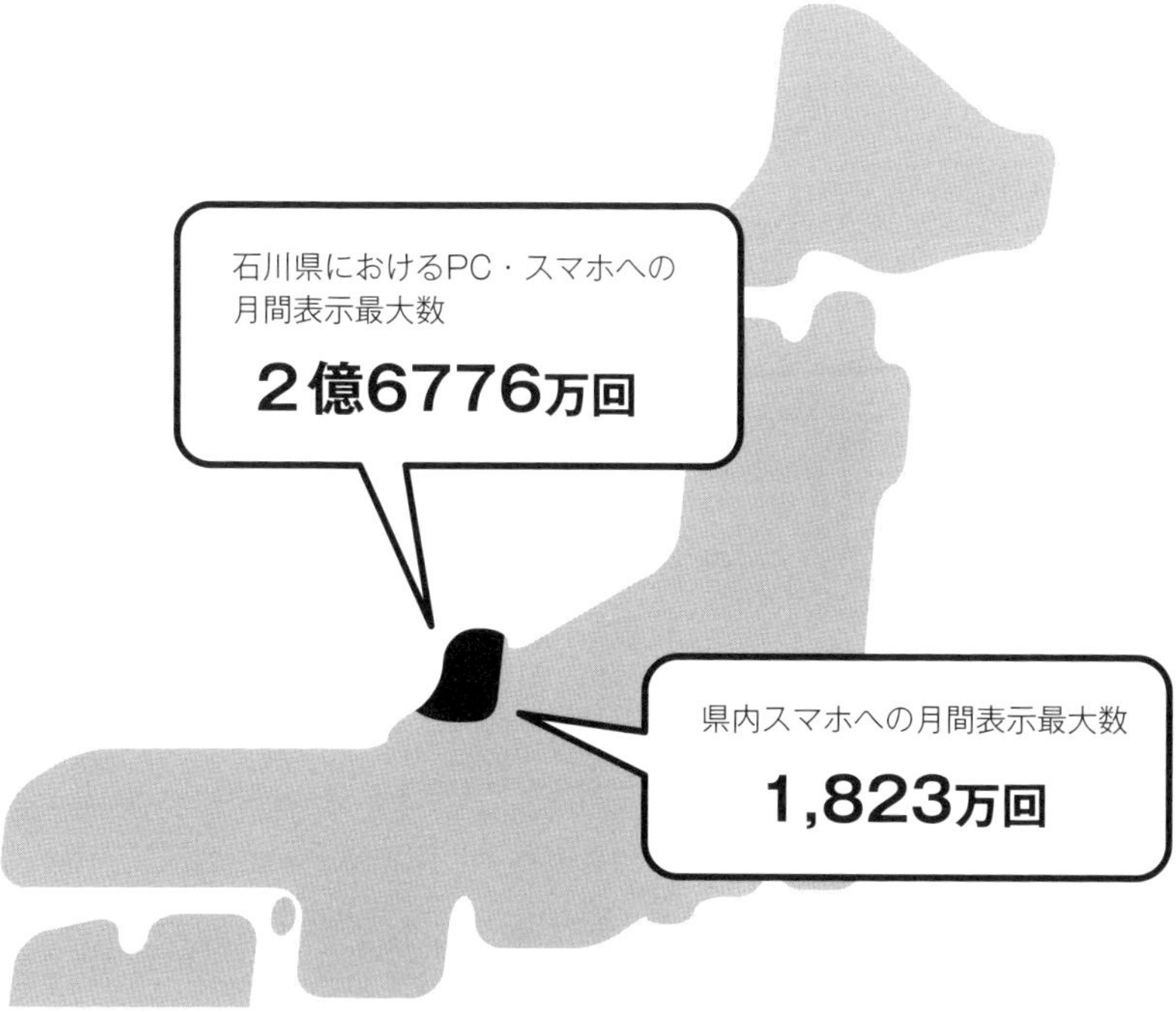

※上記数値はDSP広告の一部データのため、実際にはさらに多くの配信量が可能と推測される。

に携わる人の知識や決断にかかっているのです。

今の広告活動で成果が明らかに出ていると言い切れるならまだよいかもしれませんが、効果が鈍化している、別の対策が必要だと感じているなら、WEBマーケティングへの着手が必須であり、まさにこれからが地方のWEBマーケットの本番ともいえるのです。

東京を中心にさまざまなテクノロジーが開発され、今も日々進化しています。たとえばスマホのGPS機能がオンになっていれば、どのスマホが自社のお店に入ってきていて、競合のお店をどれくらい利用しているかがわかる「ジオターゲティング」もその一例です。競合分析に活用するのはもちろんのこと、時間別、曜日別などで、近くにいる人に広告配信ができるのです。このような技術をぜひ積極的に取り入れていきましょう。

WEBマーケティングにはどんな種類があるのか

分類にはじまり分類に終わる

マーケティングの基本としてよく言われることがあります。それは「マーケティングは分類にはじまり分類に終わる」ということです。分類を理解しておかないと、全体像を見誤ったり、重複することになりかねません。

▼WEBマーケティングの4分類

それではWEBマーケティングの分類にはどのようなものがあるのでしょうか。左ページ図のように、4つに分類してみます。どれかひとつに当てはめ切れないものももちろんありますが、特徴として4つの方向があると捉えましょう。

1つ目が「WEB広告系」。これは皆さんが日々スマホやPCで目にしている広告ですから、想像しやすいと思います。モバイル広告、動画広告、ディスプレイ広告などがあります。

2つ目が「自社WEBサイト系」です。検索で優位な状況を保つためのSEOや、自社サイトの解析などがこれにあたります。

3つ目が「CRM」です。これは自社サイトと連携をとることが多い項目で、マーケティングオートメーションなどがこれにあたります。自社サイトでメルマガ会員を募り、会員登録をした後にマーケティングオートメーションシステムによって顧客のステップに応じたメルマガが自動配信される、といったようなものがこれに該当します。顧客との関係性を育成していくために、顧客を細分化し、顧客ごとの対応を強化していくときに主に用いる機能となります。ビッグデータの解析なども、この顧客の分類に用いることがあります。

最後が「ソーシャル」です。もう皆さん聞きなれたSNS分野の広告です。SNS上に配信する広告や動画、SNSページの育成と拡散、ファン化の促進という要素がこの分類になります。

以上の4分類のすべてを実行することはできませんから、どの手法の組み合わせが自社にとって優先的に必要なのかを見出すステップが必要になりま

WEBマーケティングの分類一例

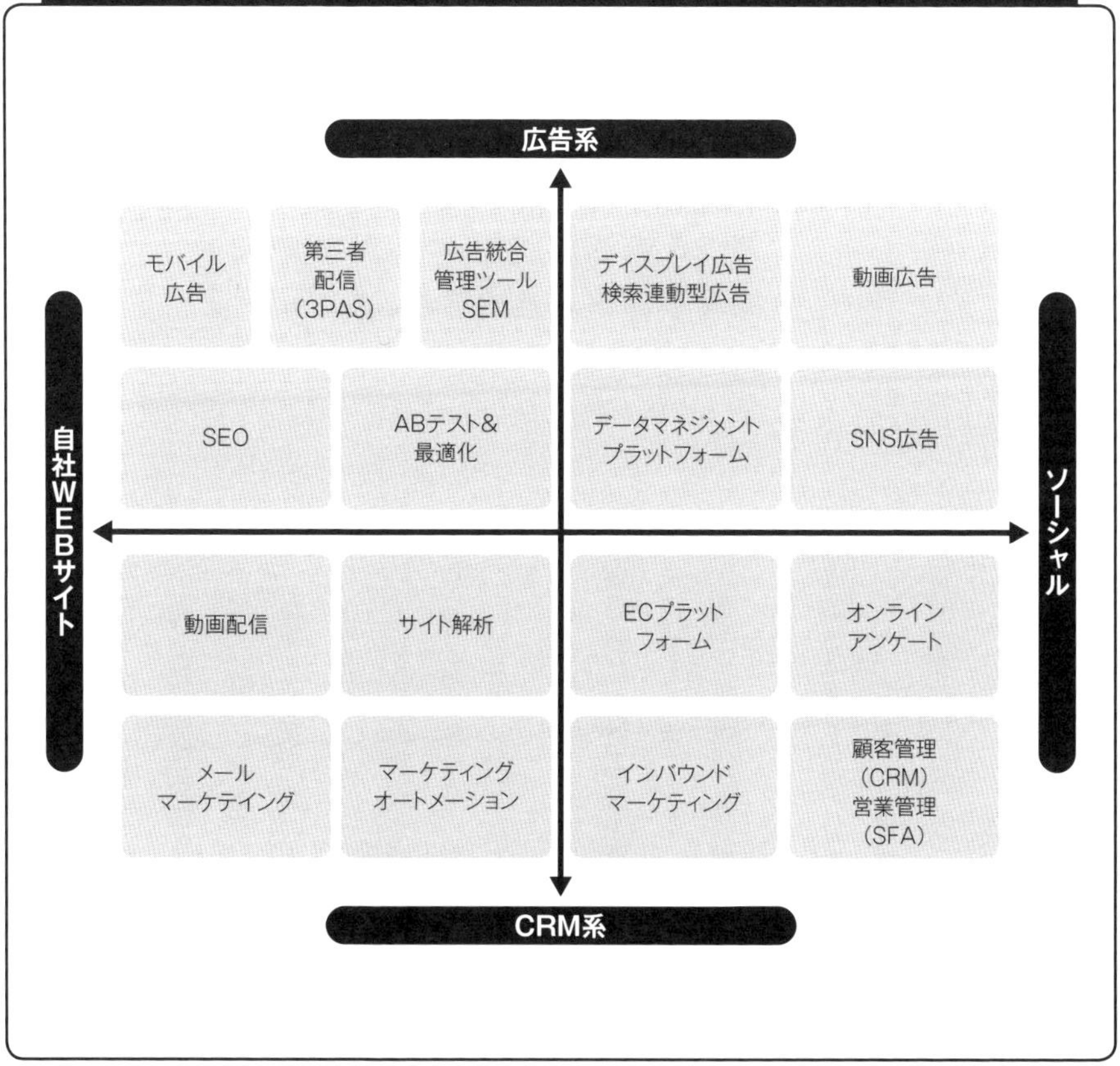

す。このテスト段階で実施と分析、改善を繰り返し、自社なりの成功パターンを導いていくのです。

各分類の特徴をわかりやすくたとえれば、「広告系」は従来の折込みチラシと同じような役割を担います。こちらからお客様に情報を一方的に届けたいときなどに適しています。

「ソーシャル」は紹介や推薦と言い換えるとわかりやすいかもしれません。自社の情報を、お客様自身が広めてくれるということです。

「CRM系」はリピート対策です。従来のDMやポイントカードの顧客管理などと同じ役割を担うイメージです。

「自社WEBサイト」は擬似の店舗や営業所であると捉えましょう。実際に来店や訪問する前に、事前の営業をする場が自社サイトです。だからこそ、対面で接客するようなスムーズなサイト構成が大切になるのです。

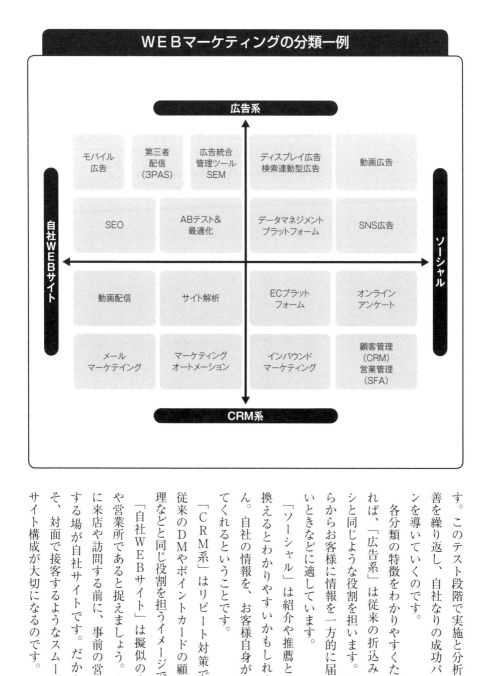

section
9

WEB マーケティングにおける目標数値の立て方

売上目標・客数目標から逆算することが必須条件

ＷＥＢマーケティングは「業績アップのためにある」とお伝えしました。

ここでは、業績アップに寄与するＷＥＢマーケティングを展開するための、数値計画の立て方についてふれていきます。

まず押さえるべきは、現状のＷＥＢ関連の数値ではなく、あくまで企業全体の売上目標と客数目標です。紙媒体、マス媒体、ＷＥＢ媒体と分類せずに、最初に企業全体の売上目標と客数目標を明確にします。その後、設定していくＷＥＢの数値がその目標売上や客数に至る計画になっているのかを入念にチェックしましょう。この流れが大前提となります。

▼ＷＥＢにおける売上比率を決める

次にＷＥＢマーケティングが担う売上比率を、計画値として設定していきましょう。売上・客数目標を決めた後にそのままＷＥＢの目標数値を決定していくと、おそらく目標値が高すぎて現実的なものにならないはずです。

「ＷＥＢからの収益を今年は全体の30％としよう」というように、目標の目安を決めて、それからＷＥＢにおける細かな数字を決めていきましょう。

▼ＰＶ数目標と反響率を決める

その次にようやく、ＷＥＢの詳細な数値を設定します。

客数目標から逆算していくことで、目標数値に対して現状のＷＥＢサイトの閲覧数の過不足がわかるようになります。これを設定せずに進行していくと、「前月から閲覧数が伸びた」とか、「反響がある程度出ているからいいだろう」と、判断が曖昧になってしまいます。伸びているからといって安心してはいけないのです。

あくまで目標数値に対しての達成度が評価の軸となることを忘れないようにしなくてはなりません。

基本的にはこのような流れで各種のＷＥＢの数値を逆算、分解して設定していくようにしましょう。

販促における目標数値の立て方

販促における目標数値の立て方

販促予算÷4%＝売上目標の目安

※メーカー企業の販促費の対売上費は約4%　小売企業の販促費の対売上費は約２%、中小企業の場合、粗利益の15%～20%を目安として設定。通販等は20%～40%ほどと大きく異なる。各社の基準が決まっている場合はその数字を４%と入れ替えることで自社の売上目標の目安が算出される。そこに向かうＷＥＢプロモーションを設計していくことがポイント。

ある有料放送テレビの加入促進の数値シミュレーション

＜販促予算４０００万円の場合＞

販促費	売上対販促比率	目安となる売上目標額	年間契約費	新規加入必要件数
4,000万円	4%	10億円	50,000円	20,000件

数値に基づく販促提案の組み立て方の例

売上の方程式

売上 ＝ 客数 × 客単価

客数 ＝ 顧客への広告接触数 × 反響率(来店率)× 購買率

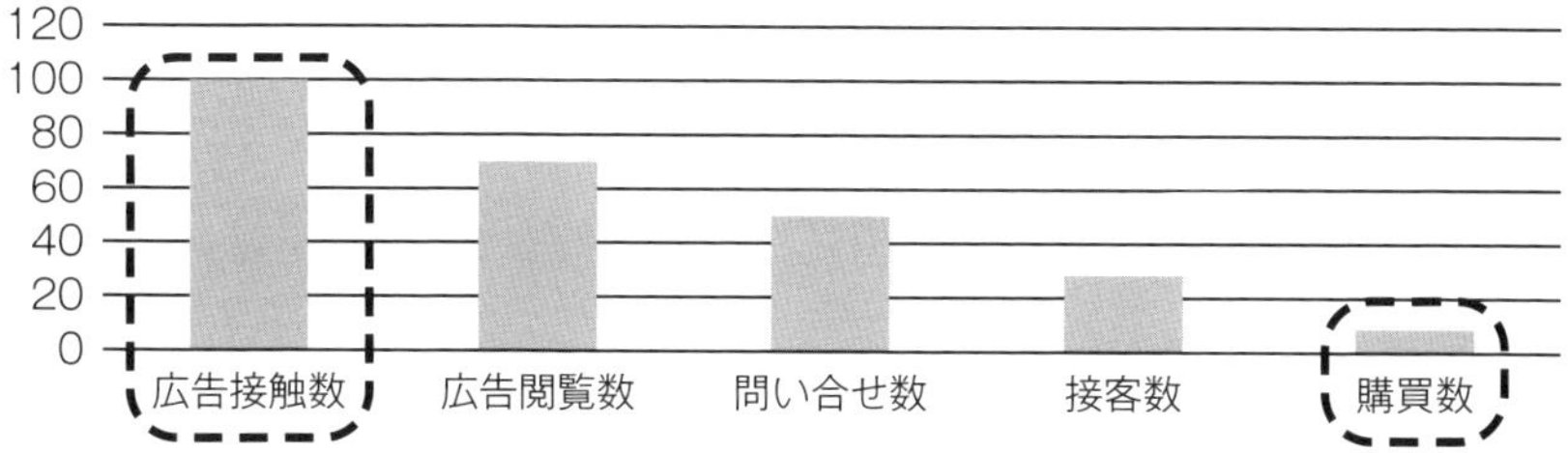

DSP	SSP	DMP
Demand-Side Platform（デマンド・サイド・プラットフォーム）の略で、広告主（デマンドサイド）の広告出稿効果を高め、効率化するためのプラットフォームのこと。2011年に日本で運用開始	Supply-Side Platform（サプライ・サイド・プラットフォーム）の略で、メディア媒体側（サプライサイド）が持っている広告枠を効果的に使えるようにするためのプラットフォーム	Data Management Platform（データ・マネジメント・プラットフォーム）の頭文字を取った略語で、簡単に言うと「ネット上に蓄積されているあらゆるユーザーデータを統合的に管理するプラットフォーム」のこと
CPA	**CVR**	**CTR**
顧客獲得単価。成果報酬型やクリック課金型の広告で、顧客１人を獲得するのにかかったコスト	コンバージョン率。広告がユーザーにクリックされた回数のうち、それがサイトの目標とされる購入や会員登録などの成果（コンバージョン）に結びついた割合	クリック率。広告がユーザーに表示された回数（インプレッション数）のうち、クリックにつながった割合
YDN	**GDN**	**クッキー**
Yahooプロモーション広告の「YDN（Yahoo!ディスプレイアドネットワーク）」のこと	Googleアドワーズ広告の「GDN（Googleディスプレイネットワーク）」のこと	はじめてアクセスしたWEBサイトからコンピューターのハード ディスク ドライブ上に配布される小さいファイルです。 cookie は個々のユーザーを識別する ID
CPC	**コンバージョン**	**RTB**
クリック単価。リスティング広告や一部のバナー広告など、ユーザーのクリックごとに広告費が発生するクリック課金型のネット広告において、クリック１回あたりにかかるコスト	変換、転換、交換といった意味を持つ英単語であるが、インターネットの分野では、WEBサイト上で獲得できる最終的な成果のこと	Real-Time Bidding（リアル・タイム・ビッディング）の略で、DSPとSSPの間で、メディア媒体に表示する広告を瞬時に入札するための機能のこと。RTBが実装されたことにより、訪問ユーザーのオーディエンスデータに適切な広告内容を瞬時に判断し、配信することが可能となっている

今さら聞けないWEBマーケティングの基本用語

リスティング広告	ディスプレイ広告	LP
検索エンジン（Yahoo! やGoogleなど）でユーザーがあるキーワードで検索した時に、その検索結果に連動して表示される広告のこと	YahooやGoogleの提携サイトにお金を払って表示できる広告のこと。 Yahooプロモーション広告の「YDN（Yahoo!ディスプレイアドネットワーク）」、Googleアドワーズ広告の「GDN（Googleディスプレイネットワーク）」が有名	さまざまなネット広告やリンクをクリックした際に表示されるする、サイトを含むWEBページ全般」を指す言葉
マーケティングオートメーション	**SEO**	**SEM**
企業のマーケティング活動において、旧来は人手で繰り返し実施していた定型的な業務や、人手では膨大なコストと時間がかかってしまう複雑な処理や大量の作業を自動化し、効率を高める仕組みのこと	”Search Engine Optimization”の略であり、検索エンジン最適化を意味する言葉です。 検索結果でWEBサイトがより多く露出されるために行なう一連の取り組みのこと	サーチエンジンマーケティグの略称で、リスティング広告やSEOを含むサーチエンジン上のマーケティングのこと
インプレッション	**PV**	**ユニークユーザー**
WEBサイト上に広告が表示された回数のこと	ページビュー。WEBサイト内の特定のページが開かれた回数を表わし、WEBサイトがどのくらい閲覧されているかを測るための最も一般的な指標	決まった集計期間内にWEBサイトに訪問したユーザーの数を表わす数値
グーグルアナリティクス	**アドワーズ**	**PPC広告**
Googleが提供しているアクセス解析ツール。 サイトへのアクセス数をリアルタイムに把握したり、アクセスデータを期間ごとやデバイスごとで比較もできるため、課題を抽出してサイト運営に活かすことができる	Google社が広告主に対して提供するクリック課金広告サービスの名称	リスティング広告に代表される、クリックされることによって課金されるタイプの広告（クリック課金型広告）のこと

第 2 章

検索に対応するキーワード関連のWEBマーケティング

▶section

section 1
WEBマーケティング基本の「き」

今さら聞けない！SEOとリスティング広告とは何か？

迷ったらリスティング広告からはじめる

▼「SEO」と「リスティング広告」

「SEO」「リスティング広告」、この2つはWEBマーケティングに取り組む上で、絶対に欠かすことのできない基本の「き」ですので、必ず押さえておきましょう。

言葉の説明をする前に、現代の消費者の心理・行動について考えてみてください。「何かを知りたい」「何かを買いたい」と思った時には、パソコンやスマホで「何か」に関する情報を探そうとします。たとえば「車を買いたい」と思った時には「新車　購入」や「車人気」など、自分の知りたい情報に関連するキーワードで検索します。

そこで表示される検索結果に「SEO」と「リスティング広告」の2種類があります。「SEO」は、「検索エンジン最適化」のことで、Googleの検索エンジンが、検索されたキーワードに対する答えを、独自の仕組みによって表示することを言います。

「リスティング広告」は、検索されたキーワードに対し、GoogleやYahoo!にお金を払って、検索結果を表示させる仕組みで、別名「検索連動型広告」とも呼ばれています。

▼SEO対策は無料？　の勘違い

「SEO対策は無料で、リスティング広告は有料なので、SEO対策を強化したほうがいいですか？」とよく聞かれますが、これは事実でもあり、間違いでもあります。というのも、SEOで上位表示されるためには、サイト内の作りを、消費者にも検索エンジンにも評価される状態にしなければいけません。つまり、SEO対策をするにはサイトの作成や修正などで費用が発生します。ただ、サイトをしっかり作り上げ、消費者と検索エンジンに評価されるようになれば、検索された際に自然と上位に表示され、費用をかけずに成果が上がるのも事実です。

リスティング広告は、消費者が検索したキーワードに対して広告が表示される仕組みで、広告がクリックされた段階で料金が発生します。金額はキー

SEOとリスティング広告では表示される場所が異なる

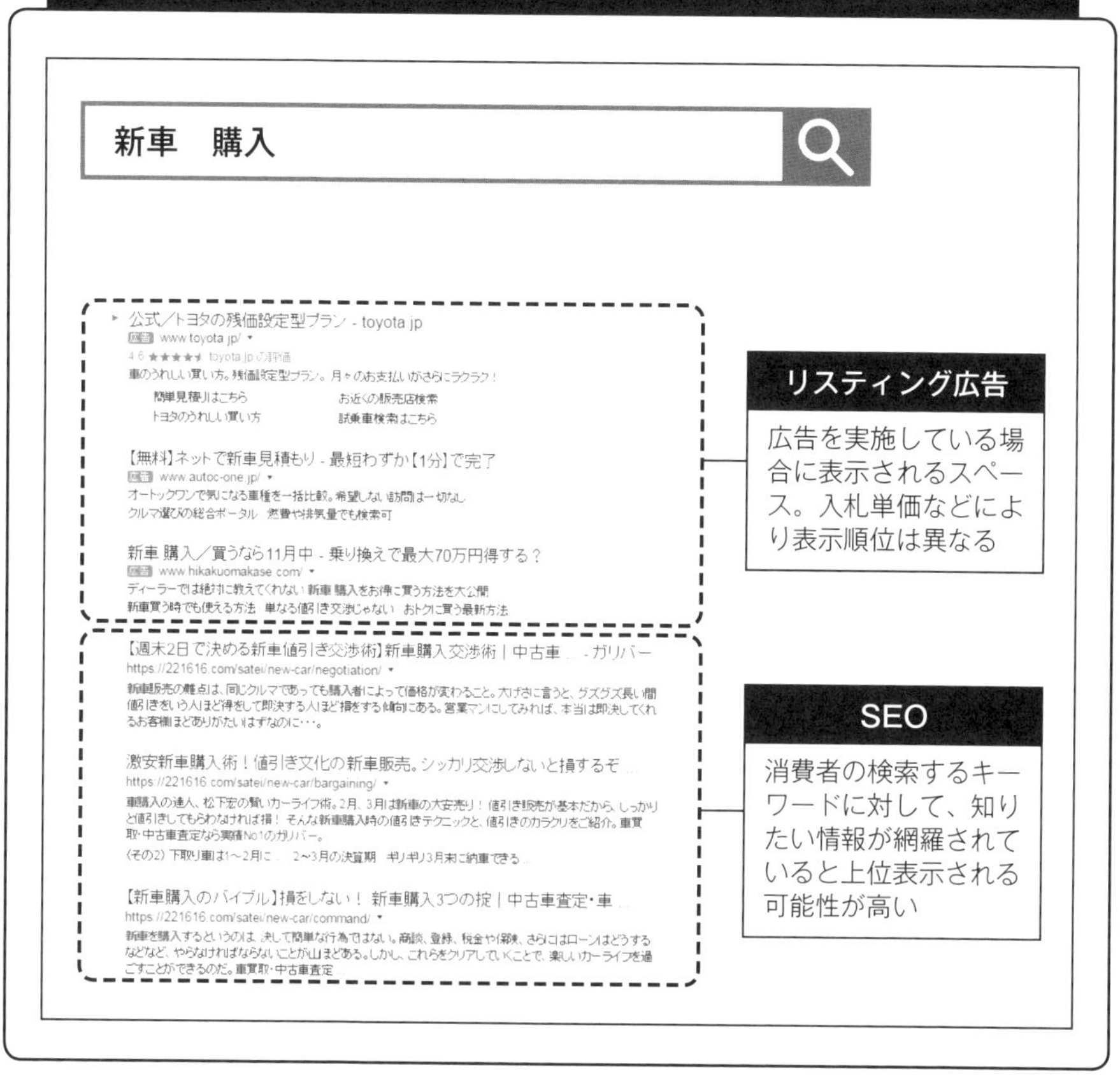

ワードによって異なり、クリック単価は数十円～数百円までさまざまです。

▼どちらの対策が有効か

では、どちらの対策が有効なのか？結論から申し上げると、どちらも必須です。ただ、優先順位をつけると、まずはリスティング広告をはじめてくださいと伝えています。なぜかと言うと、SEO対策は上位表示されるまでに一定の時間がかかり、すぐに成果が出ない可能性が高いからです。

一方、リスティング広告は、入札単価によるものの、実施するとすぐに上位表示され、サイト流入数を上げることができます。さらに、直帰率（1ページの閲覧のみで離脱している率）を検証することで、広告をクリックした後のサイト内容が消費者の期待に応えられているかどうかを判定できるので、後から実施するSEO対策にも役立ちます。

section 2

流入キーワードチェックと対策

まず自社サイトの課題を知る

課題→仮説→具体的な対策で考える

▼サイト流入のキーワードは？

私たちは多くの企業から「ＷＥＢサイトを強化したいので、協力してください」という相談を受けます。もちろんお手伝いをしていますが、気になるのが、自社サイトの現状を理解している人がほとんどいないということです。

自社のサイトは今どのような検索キーワードでの流入が多くなっているのか、それを把握せずに相談している企業がほとんどです。私どもが数百社のＷＥＢサイトの流入キーワードをチェックすると、９割以上が企業名や商品名・店舗の屋号での流入になっています。要するに、その企業のことを知っているお客様しかそのサイトを訪れていない、ということです。

▼今後の対策

ＷＥＢ上で獲得すべきは、会社のことは知らないけれど、商品ニーズが顕在化した状態の新規のお客様です。

たとえば、住宅不動産会社で注文住宅を扱っているとしたら、「注文住宅」「ハウスメーカー」と検索しているお客様は絶対に取り込みたいお客様でしょう。しかし、これらのキーワードで検索上位に表示されることや、リスティング広告で上位表示されることは、競合が多く難しいので、エリア名などを加味し、検索上位を狙っていくのが通常です。

▼表示される後のページこそ大切

キーワードに広告をかけて流入を強化した場合、その後に表示されるリンク先が重要です。

リンク先がトップページになっている企業を多く見受けますが、「注文住宅」という検索キーワードで入ってきたお客様に対し、トップページの採用募集のビジュアルが表示されていたら、せっかくかけた広告が台なしになってしまいます。

キーワードから想定されるＬＰ、もしくはサイト内のしかるべき場所にリンクを貼ることを、絶対に守ってください。

キーワード対策のステップ

まずは自社の課題を知ることがスタート

STEP 1 現在の流入キーワードチェック

- 自社の企業名
- 自社の店舗名や屋号
- 自社の商品名

これらのキーワードが
全体の
70%以上：厳重注意
50%以上：要注意

STEP 2 新規流入キーワード選定

自社のことを知らないお客様が何と検索するか想定する

新規に取り込みたいお客様のゾーン

例）新築住宅、注文住宅など

知っているお客様のゾーン

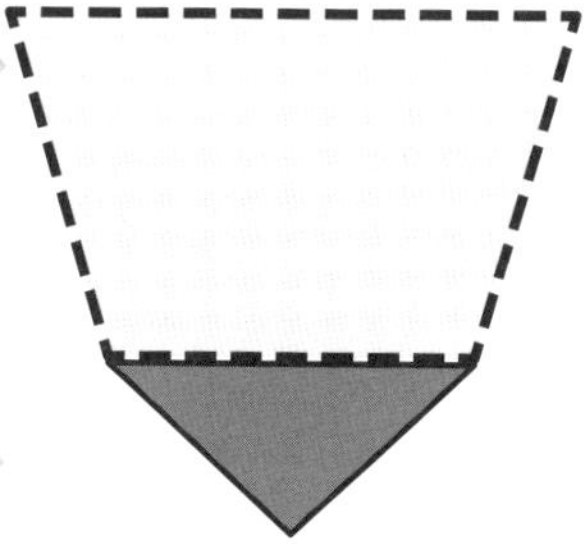

STEP 3 流入アップとコンテンツ対策

選定したキーワードに対し、リスティング広告やSEO対策などを実施し、サイト流入数を増やす。そのキーワードで流入したお客様に対しコンテンツを整理する

section 3

よく聞く勘違い

リスティング広告の仕組みを知る

掲載順位とクリック単価の決まり方

▼上位表示される仕組み

リスティング広告をはじめる企業から、「入札単価を一番高くすれば最上位に表示されるんですよね？」という質問を受けますが、これは間違いです。また、「入札した単価にクリックされた数をかけた金額が請求されるんですよね？」という質問も受けますが、こちらも間違いです。正しくは、入札価格に、GoogleやYahoo!が独自に設定した広告の品質スコアを加味して掲載順位が決定します。また、金額でも自社の広告の直下に掲載されている競合の「広告ランク」によって左右されます。

▼掲載順位の決まり方

リスティング広告の掲載順位の決まり方は、広告ランクで決定します。広告ランクとは、「入札価格×広告の品質」のことです。

たとえばA社が100円で入札し、広告の品質が5だったとすると、広告のランクは500となります。対して競合企業B社が、A社を上回る110円で入札したとします。B社の広告の品質が3だった場合、広告のランクは330となります。B社は高い金額で入札しているにもかかわらず、A社より低い掲載順位となるので、入札単価の調整も必要ですが、広告の品質を上げることも重要となります。

▼リスティング広告の料金システム

料金システムは、掲載順位より少し複雑です。簡単に言えば、「クリック単価＝直下にある競合企業の広告ランク÷自分のキーワードの広告の品質＋1円」となります。

たとえば、直下の競合広告の広告ランクを3000とします。自社の広告品質が10なら、3000÷10＋1円＝301円がクリック単価となります（左図を参照）。

▼検索のたびにオークション

リスティング広告は、検索されるごとにオークションが開かれるイメージで、常に競合企業と上位表示を勝ち取るために競い合い、広告ランクが高い順に掲載されます。

リスティング広告の掲載順位の決まり方

広告ランク ＝ 入札価格 × 広告の品質

キーワードごとに設定できる広告の入札価格

Google→品質スコア
Yahoo!→品質インデックス
１～10で広告の質を評価される。

例

入札価格	広告の品質	広告ランク	掲載順位
400円	10	4,000	【1位】
600円	4	2,400	【3位】
300円	9	2,700	【2位】

入札価格だけでは掲載順位は決まらない。
品質を上げれば費用が抑えられる！

リスティング広告の料金システム

クリック単価（実際の課金額）＝

直下の競合広告の「広告ランク」÷ 自分のキーワードの「品質」＋１円

入札価格	広告の品質	広告ランク	掲載順位	クリック計算式	クリック単価
400円	10	4,000	1位	2,700÷10＋1	¥271
300円	9	2,700	2位	2400÷９＋1	¥267
600円	4	2,400	3位	2000÷４＋1	¥501
400円	5	2,000	4位	—	—

入札価格＝クリック単価（CPC）ではない。
競合の状況により料金が変わる。

section 4

すべて数字で答えられますか？

成功するリスティング広告と失敗するリスティング広告の違い

月ごとに目標を設定し、すべて数字で把握する

▼すべて数字で把握する

本書で繰り返し述べていますが、WEBの取り組みはすべて数字で把握し、対策を立てることが重要です。リスティング広告においても同様です。

リスティング広告を実施している企業から「運用がうまくいっていなくて、困っている」と相談を受けた場合に、「クリック数はどのくらいですか?」「コンバージョン（CV：反響のゴール）は毎月どのくらいですか?」と聞いても、ほとんどの企業は答えられません。反対にリスティング広告で成果をあげている企業は、どんな数字指標を聞いても答えが明確に返ってきます。左図にある7つの指標は最低限、押さえてください。

▼目標数字を設定する

話が前後しますが、リスティング広告をはじめる際には、明確な目標設定をしてください。こちらも失敗している方は設定しておらず、成功している方は明確に目標を設定しています。

目標設定する指標も、左図の内容となります。これらの指標に対し年間目標を設定し、さらに月間目標に落とし込んでください。それらが市場性とも連動しているとパーフェクトです。市場性とは、たとえば賃貸不動産を扱っている場合、物件が多く動く3月と動きが少ない8月とで同じ目標を設定するのではなく、3月は目標を高めに、8月は目標を低めに設定するということです。

失敗している企業では、前年や前月の実績と比べてよかった・悪かったという検証で終わっているケースが多く見られます。

▼「まず、やってみる」をなくす

リスティングを「やろう」と決断することはとても重要ですが、その後の「どうやるか」を必ず考えてから実行してください。リスティング広告はGoogleやYahoo!がさまざまなスタート支援ツールを用意しているので、これらを最大限活用し、成功へのプロセスを明確にしてからはじめてください。

リスティング広告の成否を分けるポイント

成功するポイント
リスティング広告は、表示回数が2200回あり、クリック率は1％で22回クリックされ、単価は100円です。コンバージョン率は9％で2件あります。なのでコンバージョン単価は1100円ですね。目標通りに進行しています。
数字を細かく把握
実績を目標対比で把握
失敗するポイント
リスティング広告の表示回数はわかりませんが、クリック数は大体20回ぐらいで、単価は100円です。コンバージョンは何件かあったと思います。前月に比べてあまりよくなかったですね。
数字を曖昧に把握
実績を前月対比で把握

リスティング広告で押さえるべき7つの指標

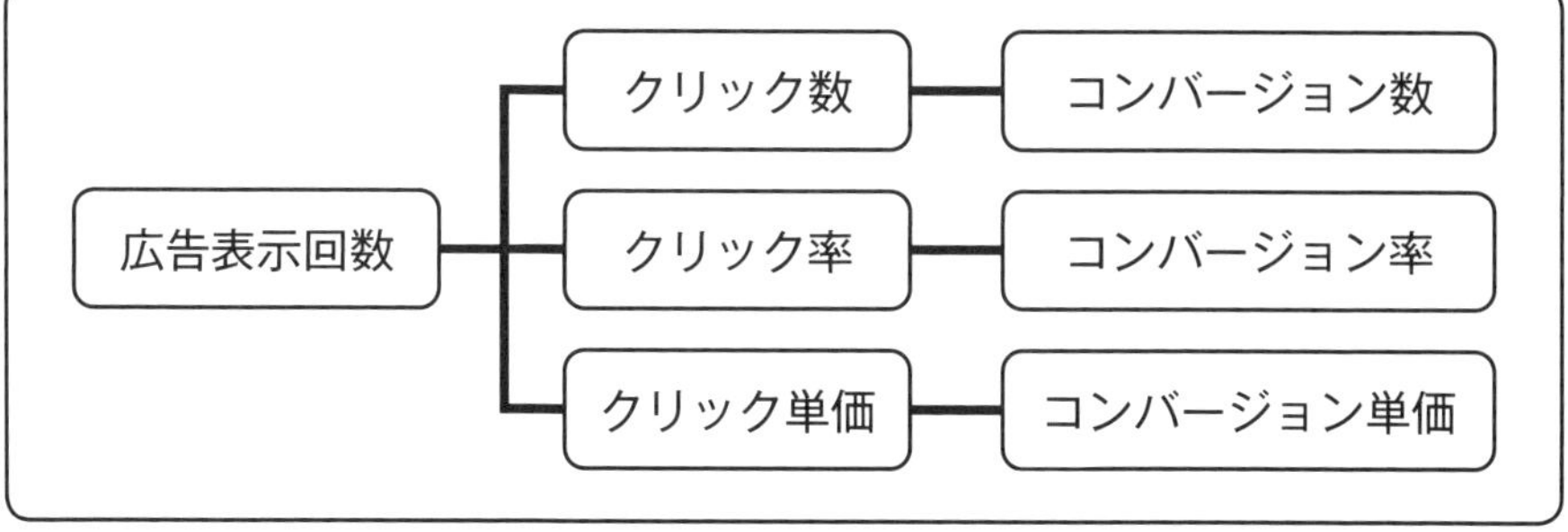
広告表示回数
クリック数
クリック率
クリック単価
コンバージョン数
コンバージョン率
コンバージョン単価

section 5

どのようなキーワードにチャンスがあるか

リスティング広告のキーワード選定のポイント

新規顧客を獲得するためにキーワードを考える

▼まずは目的を明確にする

リスティング広告のキモは、「どのようなキーワードを選ぶのか」です。この選定を間違えると無駄な広告費をかけることになります。

そして1回設定したら終わり、ではありません。日々、改善していくことを決して忘れないようにしましょう。

まず、広告を出す目的を明確にしましょう。新規顧客を取り込みたいのか、既存のお客様のリピートを強化したいのか、これをまずは決めてください。すると左にある通り、どちらのキーワードを選択すべきか明らかになります。多くのWEBサイトは、企業名や屋号・商品名での流入が多い傾向にあります。

▼ターゲットは新規顧客

企業名や屋号・商品名で検索している顧客は、サイトにたどり着こうと明確な意思を持っている顧客と捉えましょう。

大事なのは、社名も屋号も商品名も何も知らない新規の顧客を、どのように自社サイトに連れてくるかをキーワードから想定することです。たとえば、トヨタディーラーの販促担当者になったつもりで考えてみてください。「プリウス」や「トヨタ　燃費のいい車」と検索されたお客様は、既存客と同様と捉えてよいでしょう。

新規顧客として捉えるのは、たとえば「新車　購入」「新車　人気」などメーカーや車種名が決まっておらず、車という大きな分類の中から探しており、競合の自動車ディーラーに行ってしまう可能性のある人です。

▼キーワードの選定方法

新規のお客様がどのようなキーワードで検索していそうか、まずは「カテゴリー×用途×エリア」でキーワード案を多数あげてみましょう。検索キーワードが決まったら、そのキーワードが毎月どのくらい検索されているか調べてみましょう。そのキーワードの案出しと検索ボリュームを調べることが最初のポイントです。

どちらのキーワードが有効か？

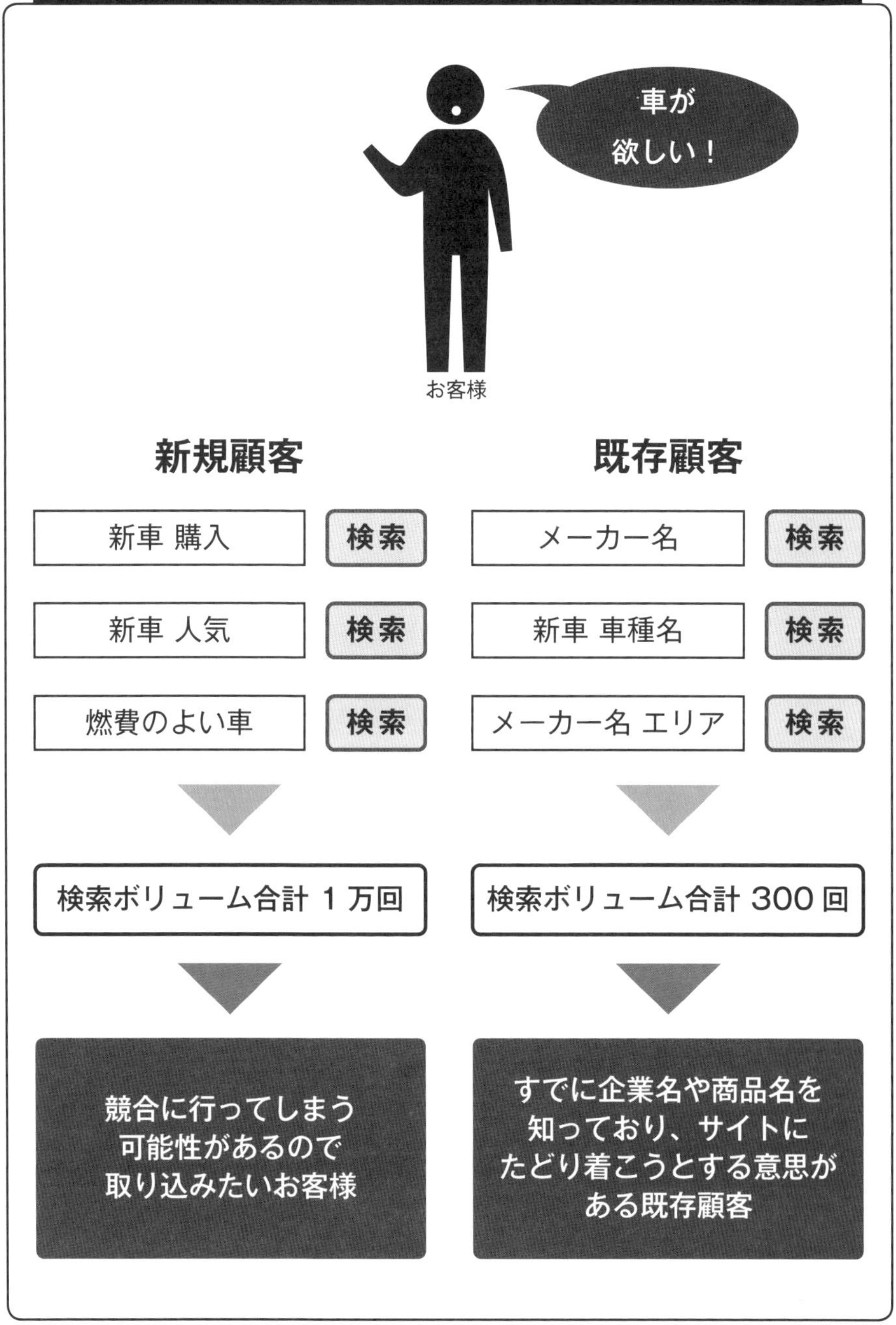

section 6

各指標まで目標を設定すること

リスティング広告の各指標の数値設定方法

仮でもいいので数値に置き換える

▼数値指標

リスティング広告で押さえるべき指標や目標設定の重要性は、前項でお伝えした通りです。ここでは各指標の数値設定の方法を詳しく説明したいと思います。しかし、設定する指標の数値は業種によって大きく異なります。唯一共通の指標となるのが、クリック率1%という指標。これを下回らないように運用しましょう。ただし、それ以外の指標がまったくないと設定できず、失敗の典型例になってしまうので、それ以外の数値を設定する方法をお伝えます。

▼目標設定から逆算する

まず、リスティング広告の目標コンバージョンを設定してください。

自動車ディーラーを例に考えてみましょう。

自動車ディーラーのWEB施策のゴールは店舗への来店です。WEBからの来店もしくは試乗予約の目標を毎月5件と設定するとします（本来は企業の売上目標から設定することが正しい方法です）。5件予約があれば、そのうち1件は成約するとします。その自動車ディーラーは1件当たりの成約コストを4万円と設定しています。だとすると、WEBで1件当たり予約されるコストは8000円以下なら問題ないことになります（ここでは他にかかる費用は無視してください）。

つまり、コンバージョン単価（CPA）は8000円で、目標の5件を獲得するために使える予算は4万円となります。コンバージョン数と単価が決まったので、次はコンバージョン率を算出します。これは、現在WEBサイトで同様のコンバージョンを設定している企業は現状の数値で設定すればよいので簡単ですが、設定していない企業は仮で設定するしかありません。その場合は1～3%程度で設定してみてください。

先ほどの自動車ディーラーの事例に話を戻すと、こちらは単価の高い企業なので1%で設定してみましょう。コ

数値目標の設定方法

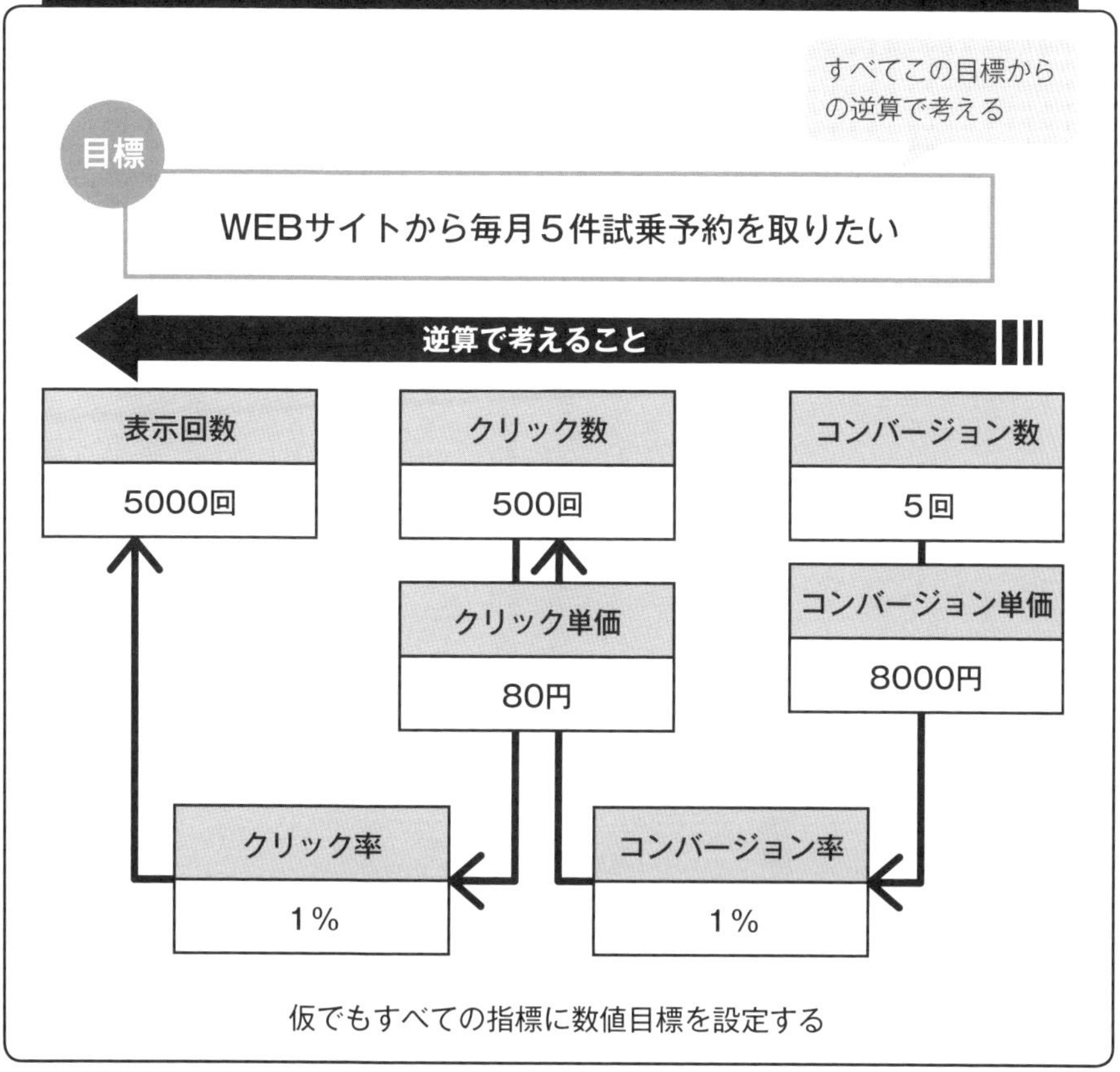

ンバージョンが１％の場合、クリック数は５００必要です。クリック数が５００ということは、全体予算が４万円なのでクリック単価は80円が理想です。またクリック率は１％程度なので、月間５万回検索されているキーワードを狙っていきたいところです。たとえば、「新車」というキーワードは埼玉県で１万回ぐらい検索されています。ただ、推奨入札単価は１１３円と想定の80円より少し高いので、「新車人気」「新車　燃費」などキーワードを膨らませることで、入札単価を下げる工夫をしていきます。この作業を怠ると、検索数は多いがクリック単価が高いキーワードに広告をかけてしまったり、無駄な広告費を払うことになりますので、労力を惜しまず必ず実施してください。

section 7 ユーザーの意図をくみ取ろう

技術的なSEO対策をする前に

ユーザーの意図を知る3つの方法

▼まずは考え方から学ぼう

「ユーザーに焦点を絞れば、他のものはみな後からついてくる」（Google会社情報より）という言葉は、SEO対策を行なう上で常に意識してください。これは、「Googleが掲げる10の真実」の最初に掲げられている言葉です。

さらに次のようにも書かれています。

「Googleは、当初からユーザーの利便性を第一に考えています。新しいウェブブラウザを開発するときも、トップページの外観に手を加えるときも、Google内部の目標や収益ではなく、ユーザーを最も重視してきました」

これこそがSEO対策を行なう上で一番大切な考え方で、検索しているユーザーの問いに対し、的確な答えを用意できているか、常にユーザー思考で考えましょう。

▼ユーザーの意図を理解する

ユーザーが検索をする場合、多くは単語や単語の掛け合わせで検索をします。SEOで検索順位を上げるためには、検索された単語からユーザーの意図を正しく理解し、その意図に対し的確に答えを用意する必要があります。その答えが正しければ、結果としてサイトが上位表示されます。

たとえば、「人気　車」と検索された場合には、「車を買いたいんだけど、今、人気の車はなんだろう」という質問者の意図が推測できます。また、「燃費車」と検索された場合は、「燃費のいい車を買いたいんだけど、どれがいいだろう」という意図が推測できます。

このように検索ワードは単語でも、それを「検索者の質問」として捉える必要があります。「どんな理由で、どんな人が検索するのか」また、「その人がどんな情報を必要としているのか」という相手の意図をしっかり理解できることが大切です。

▼ユーザーの意図を知る方法

これまでの内容を理解はできても、実際にユーザーの意図を正しく理解することは、簡単ではありません。

ここで、ユーザーの意図を正しく理

ユーザーの利便性を第一に考え、検索キーワードから検索者の質問を想定する

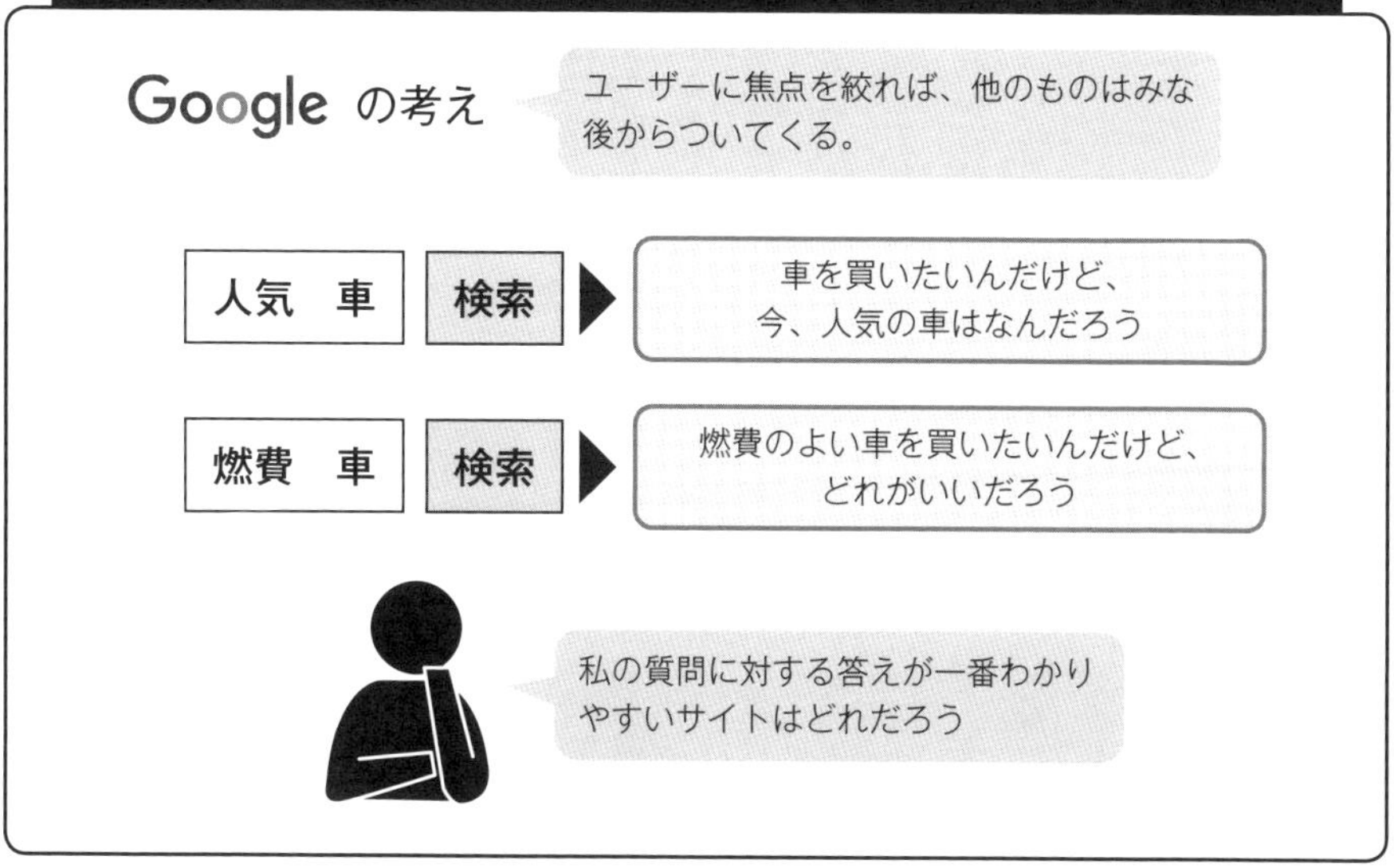
Google の考え
ユーザーに焦点を絞れば、他のものはみな後からついてくる。
人気　車
検索
車を買いたいんだけど、今、人気の車はなんだろう
燃費　車
検索
燃費のよい車を買いたいんだけど、どれがいいだろう
私の質問に対する答えが一番わかりやすいサイトはどれだろう

ユーザーの意図を知る３つの方法

①質問サイトの質問文を参考にする
②Twitterやブログの意見をコメントを参考にする
③現在の検索上位ページの内容を参考にする

解する方法を3つ紹介します。

1つ目は、「質問サイト」を利用することです。「Yahoo! 知恵袋」などQ&Aサイトにアクセスし、自社が強化したいキーワードを入力してください。すると、そのキーワードに関連する質問が出てくるので、質問内容を参考にしてください。

2つ目はツイッターやブログサイトなどで、同じようにキーワード検索を行なうことです。こちらもキーワードに関する具体的な質問文やキーワードに対する個人の意見が出てきます。

3つ目は、そのキーワードに対する検索上位ページの内容を参考にすることです。上位表示されているということは、消費者に支持されているサイトということなので、ユーザーの意図をくみ取った情報が掲載されている可能性が高くなります。

section 8

検索する前後のストーリーまで考える

リスティング広告成功企業の共通点とは？

広告文やクリック後のページも詳細に設計している

▼成約までのストーリーを設計する

前ページでユーザーの意図を汲み取るという説明をしましたが、成功している企業の共通点は、検索した人が購買もしくは、そのサービスを利用するまでのストーリーを詳細に設計しており、それが消費者の心を的確に捉えています。逆に成果が上がっていない企業には、「少しでも早く購入に至って欲しい」という売り手側の論理が色濃く表われています。消費者には購買に至るまでのステップが必ずありますので、まずはそのストーリーを詳細に組み立てる必要があります。

▼成功企業の3つの共通点

1つ目は、前ページで説明した「ユーザーの意図を汲み取る」ということなので、ここでは説明を省きます。

2つ目は「広告文に検索ワードに対する回答が記されているか」です。成功企業の共通点は、情報の出し惜しみをせず、検索ワードに対するこちら側の答えをズバッと表現していることです。逆に失敗する企業は、クリックした後のページで詳しく説明しようとしており、ここでは当たり障りのない情報を掲載しています。

3つ目は「広告クリック後のページに関連性の高い情報が載っている」ということです。関連性の低い情報ページに誘導している場合は要注意で、ファーストビューでまったく違うワードやビジュアルが表示されているなら、早急に改善をしましょう。企業ページのトップに誘導し、そこから情報を探させるサイトをいまだに見かけますが、その場合、早急に改善が必要です。

成功している企業は、このページの作り方にこだわりを持っています。検索キーワード→広告文→ページの関連性、特にファーストビューには、検索ワードに関連するキーワードやビジュアルが必ず掲載されています。

ただし、すべて一から作る必要はなく、検索ワードに応じてファーストビューを変えるだけでも、効果は期待できます。

成功する企業の3つの共通点

①検索ワードに対するユーザーの意図を汲み取る
②広告文に検索ワードに対する回答が記されている
③広告クリック後のページに関連性の高い情報が載っている

人気　車　検索

OK例　　**NG例**

【広告文】

OK例	NG例
最新人気ランキング！男性に人気の車、女性の人気の車、車種別、タイプ別など	最新モデルデビュー！最先端の技術を全て装備、圧倒的な存在感を実現

【サイト】

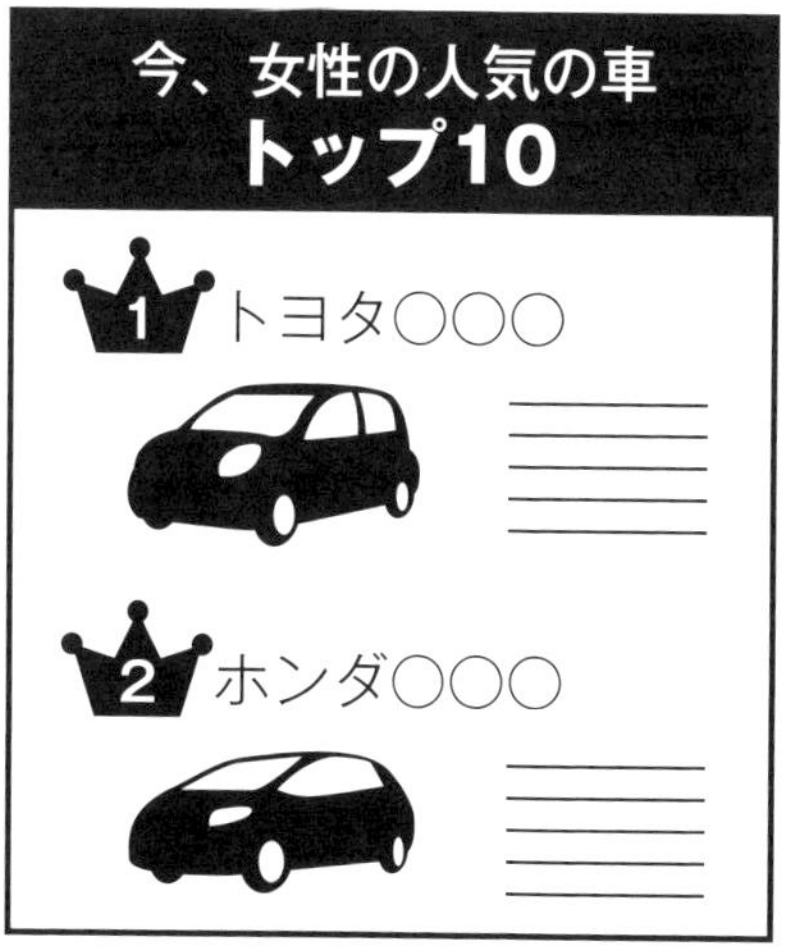

section
9
最低限これだけはやっておきたいSEO対策

自社でできるSEO対策

簡単にチェックができる3つの方法

▼最低限押さえておきたい3項目

ＳＥＯで検索上位表示されるための考え方は前項で説明しましたが、質問者の意図に沿った答えを掲載していても、検索上位に表示されないサイトを見かけることもあります。その場合、サイトの内容ではなく、技術面に問題がある可能性があります。対応策として多くの手法がありますが、本項では自社でチェックできる3つの手法を紹介します。１つ目はタイトルタグ・ディスクリプションタグの最適化。２つ目はサイト表示速度のチェック。３つ目はモバイルファーストのチェック。

▼タイトルタグ、ディスクリプションタグ

まず、自社のサイトを開き、右クリックを押して、「ページのソースを表示」をクリックしてください。ソースが表示されたら「ctrl+f」でサイト内検索を行ないます。そこに「title」と入力してください。「title」の間に表示されているのがタイトルタグです。続いて「description」と入力してください。こちらがディスクリプションタグになります。タイトルタグはそのページの名前であり、ディスクリプションタグは、そのページの紹介文になります。タイトルタグは、全角18~35文字を目安に、流入して欲しい対策キーワードを1~2回挿入します。３回以上入れるのはＮＧです。たとえば「新車」というキーワードでの流入を強化したければ、「新車購入がお得！　今なら新車購入者限定特典！」となります。

また、ディスクリプションタグは、全角80~１１０文字が目安で、対策キーワードを1~2回挿入してください。こちらも3回以上はＮＧとなります。

このタイトルタグとディスクリプションタグは、ページごとに固有のものでなくてはならないのですが、すべてのページが同じタイトルタグになっているサイトも見かけますので、必ずページごとに設定してください。

▼サイト表示速度

２つ目は、サイト表示速度のチェックを行なってください。最近は通信速

自社でもできるSEO対策

①タイトルタグ・ディスクリプションタグのチェック

自社サイトを開き右クリックで「ページのソースを表示」をクリック

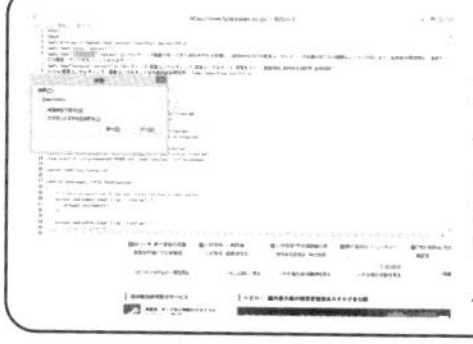

ソースが表示されたらCtrl＋fでサイト内検索を行う「title」「description」と入力する

タイトルタグ　全角18～35文字が目安で、流入して欲しい対策キーワードを１～２回挿入する。３回以上は逆にNG

ディスクリプションタグ　全角80～110文字が目安で、対策キーワードを１～２回挿入する。こちらも３回以上は逆にNG

②サイト表示速度のチェック

PageSpeed Insights

【URL】
https://developers.google.com/speed/pagespeed/insights/?hl=ja

【モバイル版】

【パソコン版】

③モバイルファーストのチェック

モバイルフレンドリーテスト

【URL】
https://search.google.com/test/mobile-friendly?hl=ja

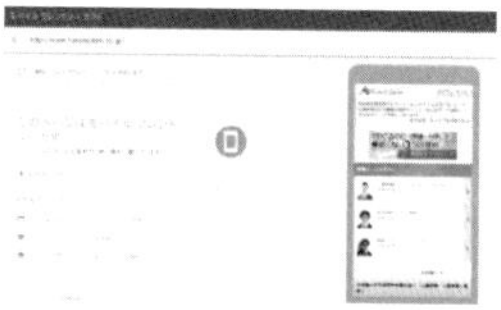

度が速くなっているものの、いまだに開くまでに時間がかかるサイトがあります。今は簡単にチェックできるサービスがありますので、上に記したサービスをご活用ください。よくあるのが、見やすくするために写真や動画コンテンツが多くなった結果、表示速度が遅くなっているパターンです。

▼モバイルファースト

３つ目はモバイルファーストのチェックです。インターネットの端末別利用率はスマートフォンが大きな伸びを示しています。モバイルファーストとは、スマートフォンに適したサイトになっているかどうかのことで、ＳＥＯで上位表示される上で重要な指標となります。こちらもチェックできるサービスがGoogleから提供されていますので、自社のサイトをチェックしてみてください。

section 10 対策が有効な業種

MEOは今後、重要な取り組み

エリア性を重視した検索対策

▼MEOとは

ＭＥＯという言葉をご存じですか？小売業や飲食店など店舗を持っていて集客を強化したい方にとって、これから先、覚えておかなくてはならないキーワードです。ＭＥＯ（Map Engine Optimization）とは、「マップエンジン最適化」という意味です。「地域名×業種」や「地域名×食べ物」でgoogle検索すると、検索結果の画面にGoogleMapの枠が上位に表示されます。左図にも記しているように、GoogleMapの枠は自然検索より上位表示されることから、クリック率が高くなる傾向にあるようです。これが、ＭＥＯが注目されている理由です。

▼MEO対策が有効な業種

飲食店や小売店・美容院などのサービス業、病院・アミューズメント施設など人が来るサービスを展開しているケースでは、必ず対策が必要になります。

検索結果画面では各店舗の営業時間や電話番号・ルート検索が表示されます。その店舗をクリックした後は、評点やレビュー、お店のコメント・写真など、そのお店の情報がほとんどわかる内容になっています。

「業種や食べ物×エリア」で検索した消費者は、目的意識や購買意欲が高いので、しっかりと対策を行なって上位表示されれば、集客の心強い味方になることは間違いありません。

▼具体的なMEO対策とは

まず、自店舗をGoogle+に登録することは必須の対策で、フェイスブックや食べログなどのサービスに登録することも効果があると言われています。

また、昨今は消費者が投稿する口コミも重要な指標となっているので、消費者が情報を投稿したくなる工夫も必要になります。インターネット上のさまざまなサービスにお店の情報を掲載することで、ＭＥＯ上位表示され、集客が増え、消費者の口コミが活性化するという、よいサイクルの構築をめざしましょう。

店舗にとっては必須の対策

MEOとは

「地域名×業種」や「地域名×食べ物」で検索した場合、検索結果の画面にGoogleMapの枠が上位に表示される仕組み。

寿司　東京駅　　検索

写真やキャッチコピーなどが表示される

店舗一次情報や口コミなど詳細な情報が表示される

第3章

検索されなくてもアプローチできるディスプレイ広告関連のWEBマーケティング

▶section

section 1

ＷＥＢ広告配信の目的を考える

今さら聞けないディスプレイ広告とは何か？

より多くの人に認知してもらう

▼ディスプレイ広告とは？

ディスプレイ広告とは、さまざまなサイト、ポータルサイトやブログなどの広告エリアに表示される広告のことです。テキスト形式、写真や画像を含むバナー広告形式、アニメーションのように動きを伴うリッチメディア広告形式、動画広告形式など、さまざまな形式で表示されます。

▼リスティング広告とどう違うのか？

リスティング広告とディスプレイ広告の違いは、主に2つあります。

1つは、広告が掲載される場所と表示形式が異なります。リスティング広告が「検索エンジンで検索した時、検索結果に表示される広告」であるのに対して、ディスプレイ広告は「ＷＥＢサイトにアクセスした後の閲覧中のページ内に表示される」ものです。

もう1つは、目的がそもそも異なります。ディスプレイ広告は、検索していないユーザーに閲覧サイト上で接触するため、認知促進やブランディングの目的に向いていると言えるでしょう。まだ自社の社名や自社商品を知らないユーザー、また意欲的に検索を行なっていないユーザーに対してアプローチしやすいという特徴があります。ビジュアルなどのイメージで、繰り返し広告を露出することで、「どこかで見たことがある」「今度検索してみよう」というアクションにつなげやすくなります。

それに対しリスティング広告は、ユーザーが今まさに検索しているキーワードに対して広告を配信するため、ニーズが明確になっているユーザーに訴求します。商品購入などの成果に結びつきやすい傾向がある反面、検索されているキーワードのボリュームによって、リーチする回数に制限がかかってくるため、ディスプレイ広告に比べてリーチできるユーザー層が限られます。

ディスプレイ広告で認知度向上、ブランディングを行ない、リスティング広告で検索してもらう、といった組み

ターゲットと目的の明確化

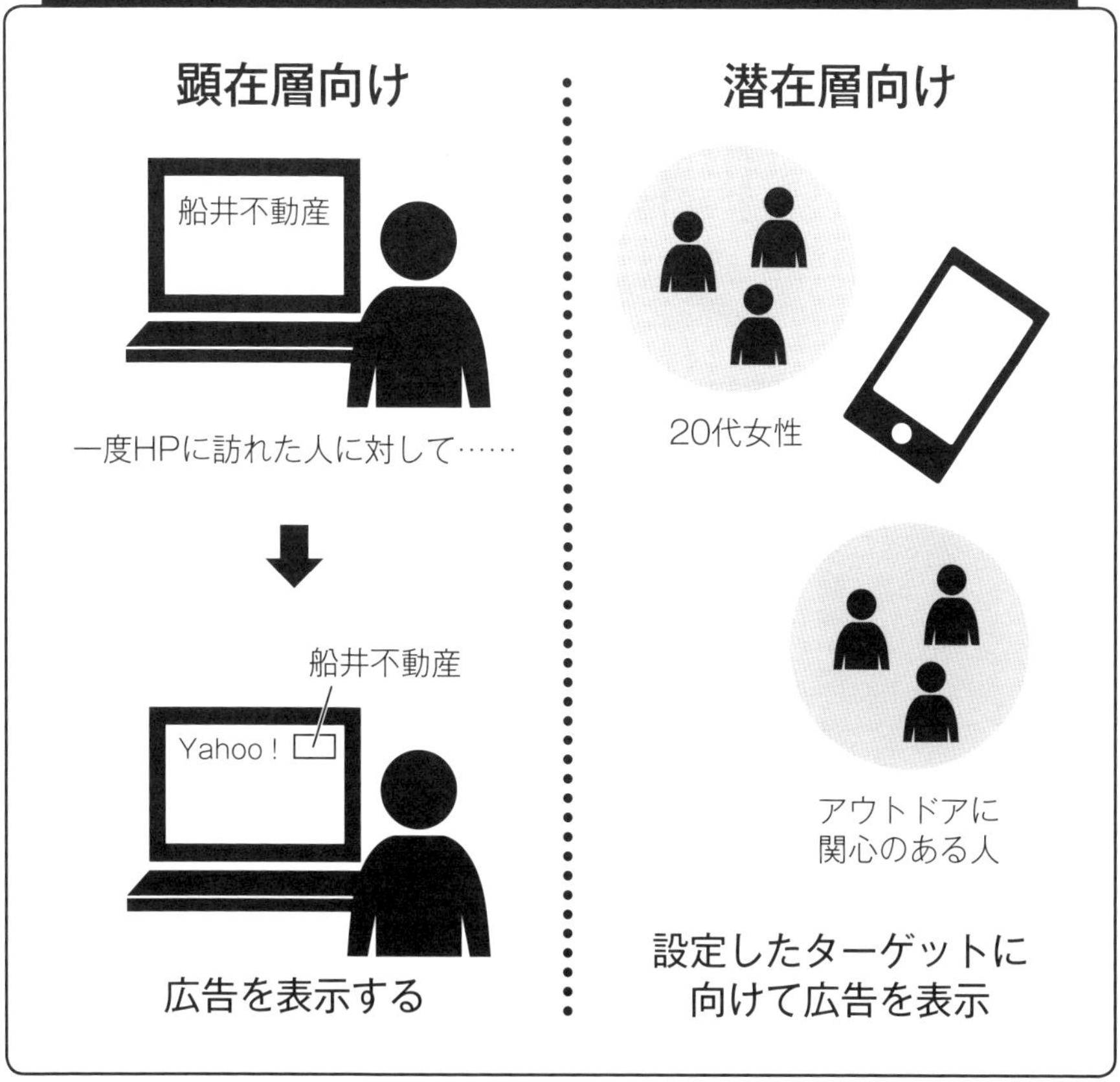

合わせで広告を出すことが有効です。

▼ディスプレイ広告2つの使い方

ディスプレイ広告には大きく分けて、「顕在層向け」と「潜在層向け」の配信方法があります。「顕在層向け」にはリターゲティング広告という手法があり、過去にサイトへアクセスしたユーザーに対し、再度広告を配信することができます。アクセスしたユーザーが商品を購入せずにサイトを離脱しても、そのユーザーを追いかけて広告を表示することができるので、見込み度の高いユーザーに効率的に広告を配信することができます。

「潜在層向け」は、年齢や、「○○に興味がある人」などユーザーの興味関心をターゲットの条件として設定することによって、新規のユーザーを獲得する目的で配信することが可能です。

ディスプレイ広告のターゲティング①

「人」を対象としたターゲティング

4つの広告配信手法

ディスプレイ広告をはじめる際に、どのようなターゲットに対して配信するかを設定する必要があります。ディスプレイ広告の配信手法には、「人＝ユーザー」を対象とした4つのターゲティング手法と、「枠＝配信先」を対象とした3つのターゲティング手法があります。この項では「人」を対象とした配信手法をご紹介します。

▼年齢、性別、地域を絞る

ターゲティングの第一歩として、年齢、性別、地域を設定する方法があります。これは「デモグラフィーターゲティング」という配信手法です。

ポイントは、最初から細かく設定しすぎないこと。一度配信したデータをもとに、サイトへの流入が多い年齢や性別などの傾向を分析し、費用をかけてもアクセスしないユーザーを外していくことで、ユーザーを絞り込みます。

▼興味・関心や行動履歴で絞る

2つ目に、特定の興味・関心を持ったユーザーに対して広告を配信する手法「インタレストカテゴリターゲティング」があります。過去にユーザーが閲覧したWEBページの履歴や検索キーワードから、ユーザーの興味や関心を自動的に判別します。たとえば、自動車に関するサイトを頻繁に見ているユーザーは「自動車」に関心があるユーザーと認識され、ディスプレイ広告枠には「自動車メーカー」「車種」などに関連した広告が配信されます。こちらは新規顧客獲得を目的とした潜在層ユーザーへの配信となります。

▼類似したユーザーを探す

3つ目に、自社サイトを訪問したことのあるユーザーと近い興味・関心をもっている、またはWEB上の行動（閲覧履歴など）やユーザー属性が似ているユーザーに広告を配信することができます。この「類似ユーザーターゲティング」の対象者は、一度過去にサイトに訪問したユーザーに向けて広告を配信する、4つ目の「リターゲティング」とは異なり、「新規ユーザー」が対象となります。

ターゲットセグメントの設定

年齢	性別	子供の有無
18～24歳 25～34歳 35～44歳 45～54歳 55～64歳 65歳以上 不明	女性 男性 不明	子供あり 子供なし 不明

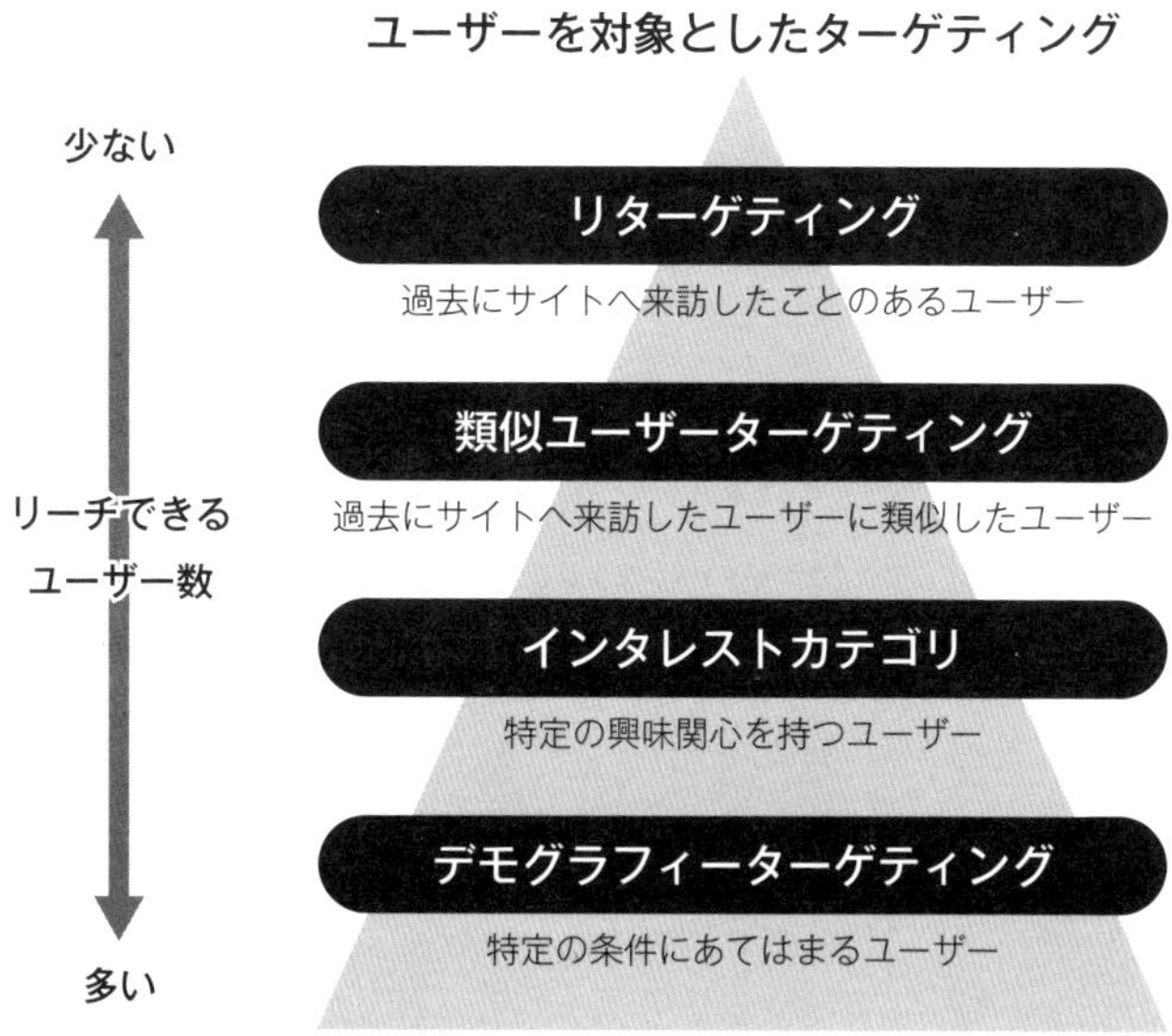

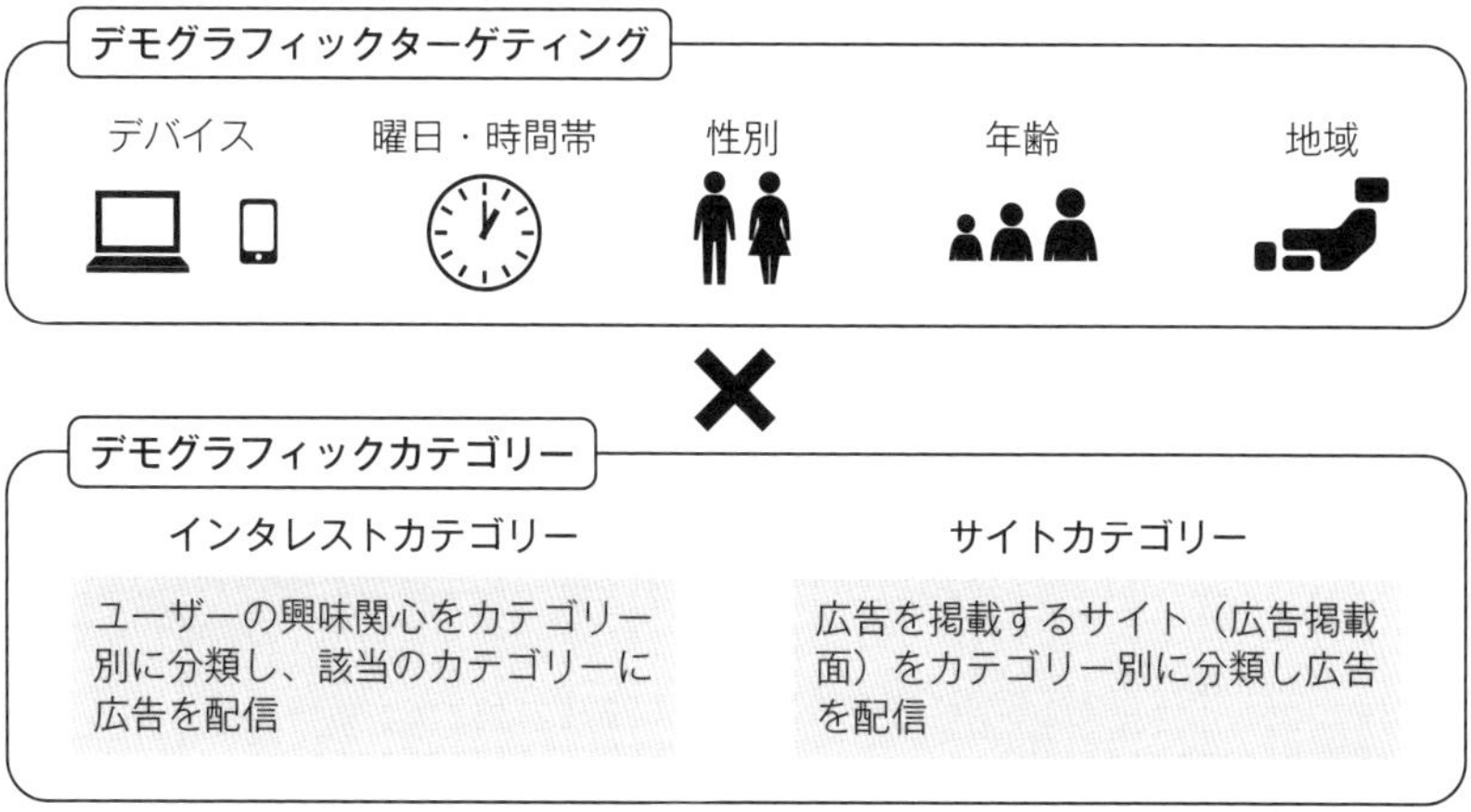

ディスプレイ広告のターゲティング②

「枠」を対象としたターゲティング

３つの広告配信手法

前項では「人」を対象とした配信手法をご紹介しました。この項では「枠」を対象とした配信手法をご紹介します。

▼特定のテーマで配信先を絞る

まず、閲覧サイト（ページ）の属性やテーマに応じて広告を配信する手法です。「サイトカテゴリ（トピック）ターゲティング」という配信手法で、指定したテーマと関連性の高いディスプレイネットワーク上にあるＷＥＢページに広告を配信することができます。

たとえば、旅行会社の広告を出稿したい場合、サイトカテゴリの「地域」「旅行」等を選択すれば、そのカテゴリに属したサイトを閲覧するユーザーに広告を配信することが可能になります。特定のテーマに基づいたサイトに広告を掲載したい場合に有効です。

▼キーワードで配信先を絞る

２つ目に、「コンテンツターゲティング」があります。これは検索連動型広告（リスティング広告）同様に、自社のサービスや商材に関連したキーワードを登録することで、登録されたキーワードと関連性の高いＷＥＢページに広告を配信する手法です。「コンテンツターゲティング」では、登録するキーワードと商材・サービスとの相性が重要です。キーワードに関連した内容を含むサイトに的確に広告が出稿できるため、潜在層ユーザーへのアプローチが可能となり、新規ユーザー獲得の１つの有効な手法といえます。

▼指定したサイトへ配信する

３つ目に、ディスプレイネットワーク上にある特定のＷＥＢサイトや特定のページ、さらには特定の掲載場所を指定して広告を配信する「プレースメントターゲティング」があります。特定のサイトにのみ配信ができるので、関連性が高く、効果のあがりそうなサイトを選ぶことが重要です。指定先は膨大にあるため、「サイトカテゴリ（トピック）ターゲティング」と「コンテンツターゲティング」の結果を考慮して選定することをお勧めします。

配信メディアセグメント

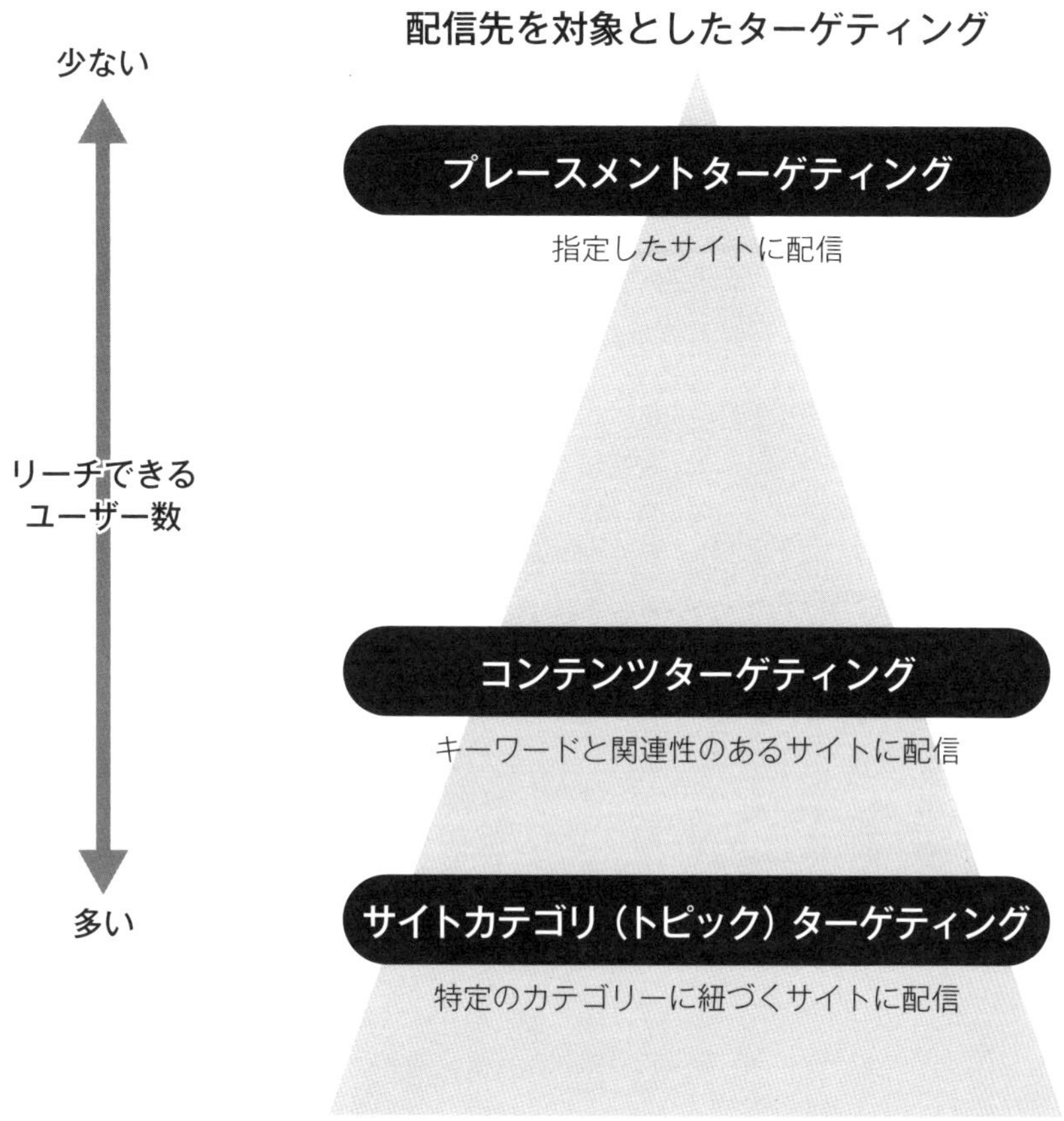

キーワード コンテンツ マッチ	キーワードとコンテンツが関連しているプレースメントに広告が表示される
拡張キーワード マッチ	キーワードとその他の要素の関連性に基づいて選ばれたプレースメントに広告が表示される。その他の要素にはページを表示しているユーザーの最近の閲覧履歴などが含まれる

section 4

WEB上でチラシの役割を果たす

DSP (Demand-Side Platform) とは？

適切な広告を配信する

▼DSPとは何か？

DSPとはDemand Side Platform（デマンド　サイド　プラットフォーム）の略で、インターネット広告において広告主の広告効果の最適化を目的としたツールです。広告主が配信したいターゲットや予算などを設定し、配信する広告バナー（クリエイティブ）を入稿すれば、DSPが自動で最適な広告配信を行なってくれるのです。人の特性や行動データに基づき、最適な人に、最適なタイミングで、最適なメッセージを届けるシステムと言えるでしょう。配信形式はディスプレイ広告とほぼ同じです。

▼「枠」から「人」へ

DSPの大きな特徴として、単純な広告枠単位である「枠」への配信ではなく、ターゲット設定により興味・関心を持っているユーザー「人」単位での広告配信ができることが挙げられます。「広告が『枠から人へ』と変化した」とよく言われています。性別や年齢、もしくは趣味趣向の異なるさまざまな属性のユーザーへ、効果的にかつ、なるべく手間をかけずに広告を配信したい広告主と相性がいいとされています。

▼広告配信の量が桁違いに多い

DSPの強みとして第一に挙げられるのは、広告配信の量が圧倒的に多いということです。その理由は、広告媒体サイトを大量に集めてネットワークを組み、そこに広告を配信するシステムである「アドネットワーク」と、複数のアドネットワークに広告を表示させることができるシステムである「アドエクスチェンジ」に対して、一括で出稿できるからです。これだけ多くの広告配信機会があれば、その分多くの種類のユーザーと接触でき、本当の見込み客と出会う確率も上がります。

大量に広告を配信することによる認知拡大や、ブランディング目的の位置づけとしてDSPを活用し、ディスプレイ広告やリスティング広告でユーザーを商品まで誘導する、といった連動が有効です。

DSPサービスの概要と展開企業

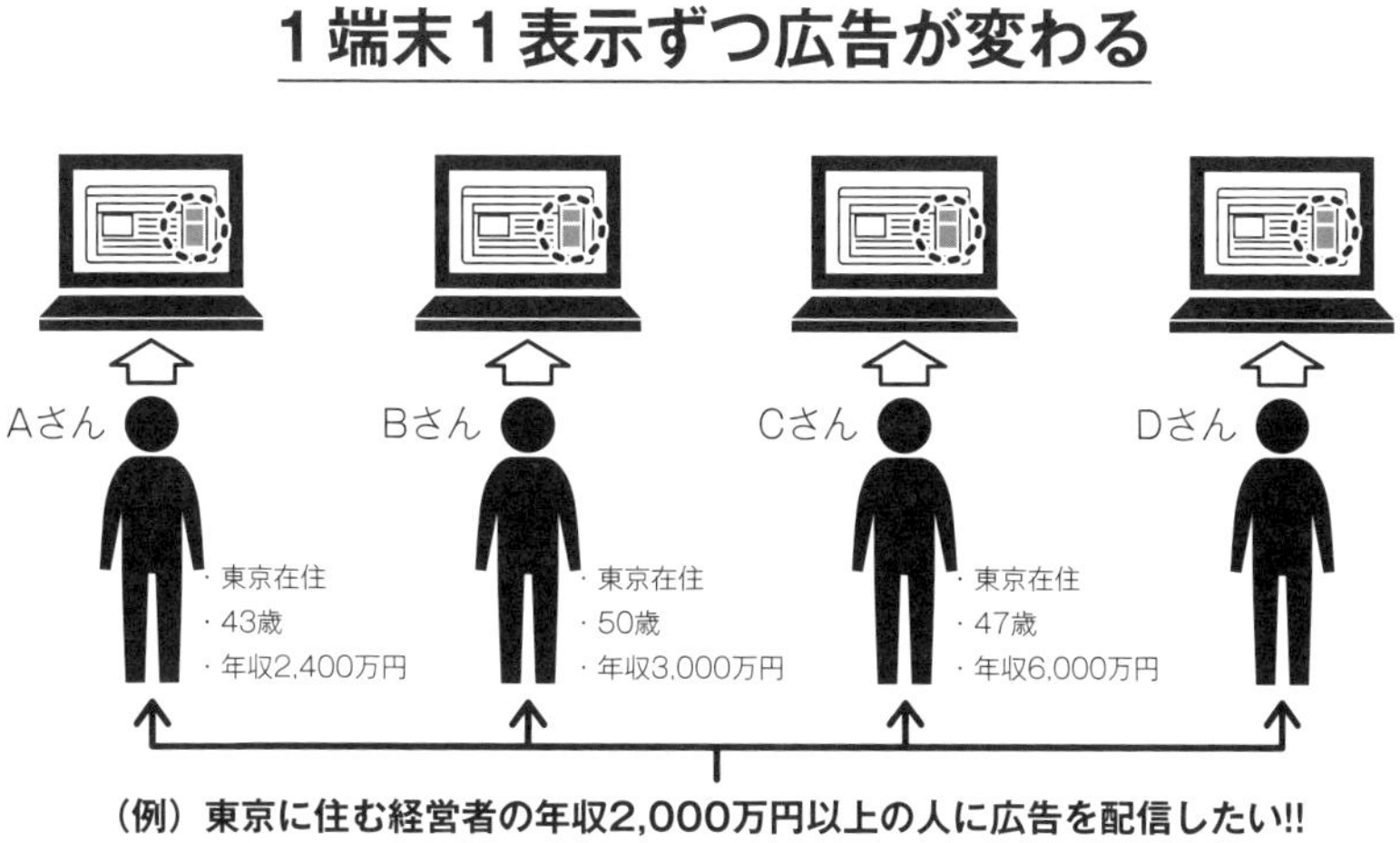

BLADE	株式会社マイクロアド
FreakOut	株式会社フリークアウト
MarketOne	株式会社プラットフォーム・ワン
Bypass	ユナイテッド株式会社
logicad	ソネット・メディア・ネットワークス株式会社
楽天DSP	楽天株式会社
Sphere	マーベリック株式会社
GREE Ads DSP	Glossom株式会社
XrostDSP	株式会社Platform ID
デクワス.DSP	京セラコミュニケーションシステム株式会社
PlaCo	株式会社GeeeN
GRASPER	株式会社スパイスボックス
ADreco	株式会社ALBERT
ADInte	株式会社ウィリルモバイル
CYPHER ad platform	株式会社デジタイズ
AD meme	株式会社KPIソリューションズ
FOX DSP	FOX インターナショナル・チャンネルズ株式会社
ADMA DSP	株式会社アドウェイズ
transcosmos DSP	トランスコスモス株式会社
アクセストレード DSP	株式会社インタースペース
appgear	株式会社スペイシーズ
DoubleClick Bid Manager	Google Inc.
GMO DSP	GMONIKKO株式会社
logly lift	ログリー株式会社
Profile Passport AD	株式会社ブログウォッチャー
Smalgo	株式会社サイバーエージェント
GameLogic	株式会社サイバーエージェント

セグメントの細分化機能を活用する section 5

DSPのセグメント可能項目

自社商品と合致した配信設定

▼膨大なセグメント項目

ＤＳＰの大きな特徴として、前項で膨大な広告の配信量を挙げました。もう1つ、ＤＳＰの主な特徴として、多種多様なセグメントへの配信が可能であることが挙げられます。

どのようなユーザーに配信するかを決定するには、ユーザーの属性を識別する必要がありますが、そもそもどうやってユーザーを識別しているのか？

サイトにアクセスすると、通常、cookieという仕組みがブラウザ上で働きます。cookieにはそのユーザーがどんなサイトを見たか、いつサイトを見たかなどの行動が記憶されていきます。cookieデータにより、どのような人なのか、どのような趣味嗜好をもっているかを判断することで、多種多様なセグメンテーションが可能になるのです。

基本的な「性別」や「年齢」「地域」「興味関心」といったセグメントに加えて、「年収」「職業」「保有車種」「自動車メーカー」「購読雑誌」「生命保険」など各種カテゴリが数多く存在します。

▼高度なターゲティング

これらのセグメントを活用したターゲティング例を、いくつか挙げてみましょう。まず飲料メーカー（ビール）なら、「年齢が20歳以上のユーザーに対して、天候が晴れていて気温が24度以上の17時以降に広告を配信する」、ＤＳＰではこのようなターゲティングが可能なのです。自動車メーカーの場合「輸入車を保有している、年収が1000万円以上の経営者もしくは役員」というターゲティングが、消費財メーカーの場合「インターネットでコスメ商品を購入したことがある、既婚者で子供ありの女性」というターゲティングがそれぞれ可能です。

ターゲットセグメント項目はＤＳＰサービスを展開する企業によって異なりますが、左記の内容はある1企業のセグメント可能な項目です。エリアを絞り込んだ上で、これらの顧客属性を決めて配信することが可能です。

広告を配信する対象を、細かく設定することができる

セグメントを活用したターゲティング例

飲料メーカーが ビールの広告を配信するなら

・20歳以上
・17時以降
・天候が晴れ
・気温25度以上

自動車メーカーが 高級車の広告を配信するなら

・輸入車のユーザー
・年収1000万円以上
・経営者or役員

消費財メーカーが シャンプーの広告を配信するなら

・インターネットでコスメ商品を買ったことがある
・既婚者、子持ち

ユーザーの属性カテゴリ

性別：２カテゴリ	年齢：11カテゴリ
職業：10カテゴリ	業種：42カテゴリ
未既婚：２カテゴリ	子供有無：２カテゴリ
興味関心：90カテゴリ	EC来訪／購入：38カテゴリ
保有車種：1325カテゴリ	生命保険：20カテゴリ
購読雑誌：56カテゴリ	損害保険：14カテゴリ
口座銀行：18カテゴリ	保有資格：24カテゴリ
自動車免許：14カテゴリ	加入ＳＮＳ：10カテゴリ
購読新聞：16カテゴリ	証券取引：13カテゴリ
年収：200万円未満～2000万円以上	
保有資産：50万円未満～５億円以上	

※上記配信設定は一例です

広告の精度を上げていくDSP section 6

DSPの配信手法

—サイト未訪問者をコンバージョンさせるまでの4ステップ

情報を届けるだけでなく、届け"続けて"いく

DSPによる配信手法は、実にさまざまなターゲティング設定などがあり、目的に応じて使い分けることが必須となります。自社の社名や、商品名を知らないユーザーに対して、どのようなステップで商品の購入や来店予約、資料請求などの問い合わせ（コンバージョン）まで誘導するのか、そこが最終的な目標となります。広告を配信する時には、認知促進が目的なのか、ブランディングが目的なのか、コンバージョンが目的なのか、目標や目的を明確にすることが重要です。

この項では、まず皆さんがDSPによる配信を実施する際に参考にしていただきたい、サイト未訪問者をコンバージョンさせるまでの4つのステップと配信手法を紹介していきます。

▼STEP1「オーディエンス配信」

まずは完全な新規のユーザーに対して、広告を配信する必要があります。「オーディエンス配信」という、地域（エリア）と年代、性別で区切ったターゲティング設定で広告配信を実施します。最終的にコンバージョンを増加させるために、できるだけ幅広いターゲットに対してアプローチすることが肝心です。

▼STEP2「オーディエンス拡張」

「オーディエンス拡張」も新規ユーザーを獲得するための配信手法です。これは、自社のサイトを訪問してコンバージョンしたユーザーのWEB行動履歴を分析し、類似した行動をとる新規ユーザーを見つけ出して広告を配信する手法です。つまり、自社サイトへ訪れた際にコンバージョンしそうな新規ユーザーに対して、効率的に広告を配信することが可能なのです。

▼STEP3「キーワードマッチ」

「キーワードマッチ」は、検索キーワードをもとにしたターゲティング手法ですので、リスティング広告と似ているところがあります。特定のキーワードを検索したユーザーに対して広告配信を行なうので、STEP1の「オーディエンス配信」やSTEP2の

新規顧客向けの広告配信から開始し、コンバージョンまでのステップを踏む

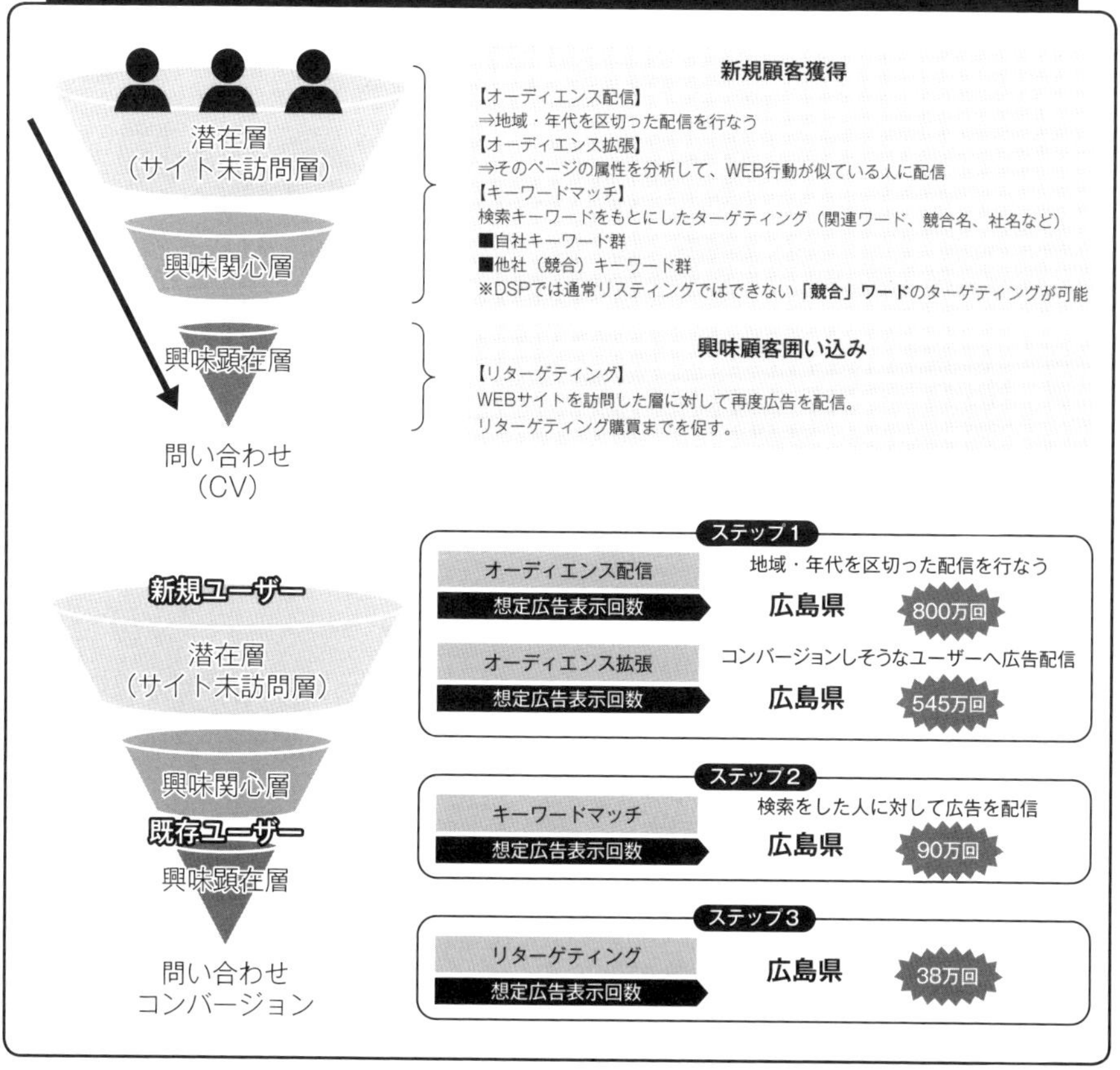

「オーディエンス拡張」よりニーズが顕在化した人への配信手法といえます。自社の社名や商品名などを知っている段階の人々を拾うことができます。

▼STEP4「リターゲティング」

最後に、本章でも何度もご紹介している「リターゲティング」により、自社サイトを来訪したユーザーに再度アプローチして、コンバージョンに至るようリマインドを行ないます。

せっかく自社サイトへ来訪してもらっても、ほとんどのユーザーが一度でコンバージョンまでたどり着くことはありません。通常、サイトを来訪した9割のユーザーがコンバージョンせずに離脱しているといわれています。さまざまなサイトで情報を収集し、比較検討しているからです。この9割のユーザーに対して、「さらなるアプローチをどのように行なうか」がポイントです。

電車の駅検索に対応した広告配信ができるDSP

移動手段が電車中心のエリアに最適

DSPとひと言で言っても、サービスによってさまざまな特徴があります。この項から、いくつかの特徴的なDSPを紹介していくので、目的やターゲット層に応じて使い分けてください。

▼電車の駅検索に連動して広告配信

株式会社ヴァル研究所は、自社が持つ「駅すぱあと」に連動した広告配信システム技術を保有しています。「駅すぱあと」とは、鉄道・路線バス・飛行機・フェリーなどさまざまな公共交通機関の情報を用いて、お客様に最適な乗り換えを案内するナビゲーションアプリです。このシステムを利用したDSPなので、駅周辺にいるユーザーを狙って広告を配信することが可能なのです。すぐそばにいるユーザーに「近くにこんなお店がある。行ってみようかな！」と思わせるような、お得なクーポンやセール情報をリアルタイムで配信すれば、来店者の増加が期待できます。

▼駅を指定して配信する

検索結果一覧・詳細画面に、目的駅を指定して広告掲載できる、検索結果連動型の広告配信が可能です。広告主の商圏に合わせ、特定エリアのみに広告を掲載できるので、東京の池袋駅近くの不動産会社が、周辺の目白駅や高田馬場駅を指定して来店を誘導することもできるのです。

▼検索行動履歴を元にターゲティング

検索駅や曜日、時間や検索回数などのデータを分析してセグメントを作成、そのセグメント対象ユーザーのみに広告配信が可能な「行動履歴ターゲティング」があります。たとえば、「国際展示場駅」を「2017年3月19日～3月20日」に「1回以上」検索したユーザーにのみ配信することができます。おそらくこの検索を行なっているのは「就活生」と推定できます。

このように、自社のターゲットに合わせて「検索駅」「検索日時」「検索回数」の変数をいかに組み合わせるかが鍵となります。

新規顧客向けの広告配信から開始し、コンバージョンまでのステップを踏む

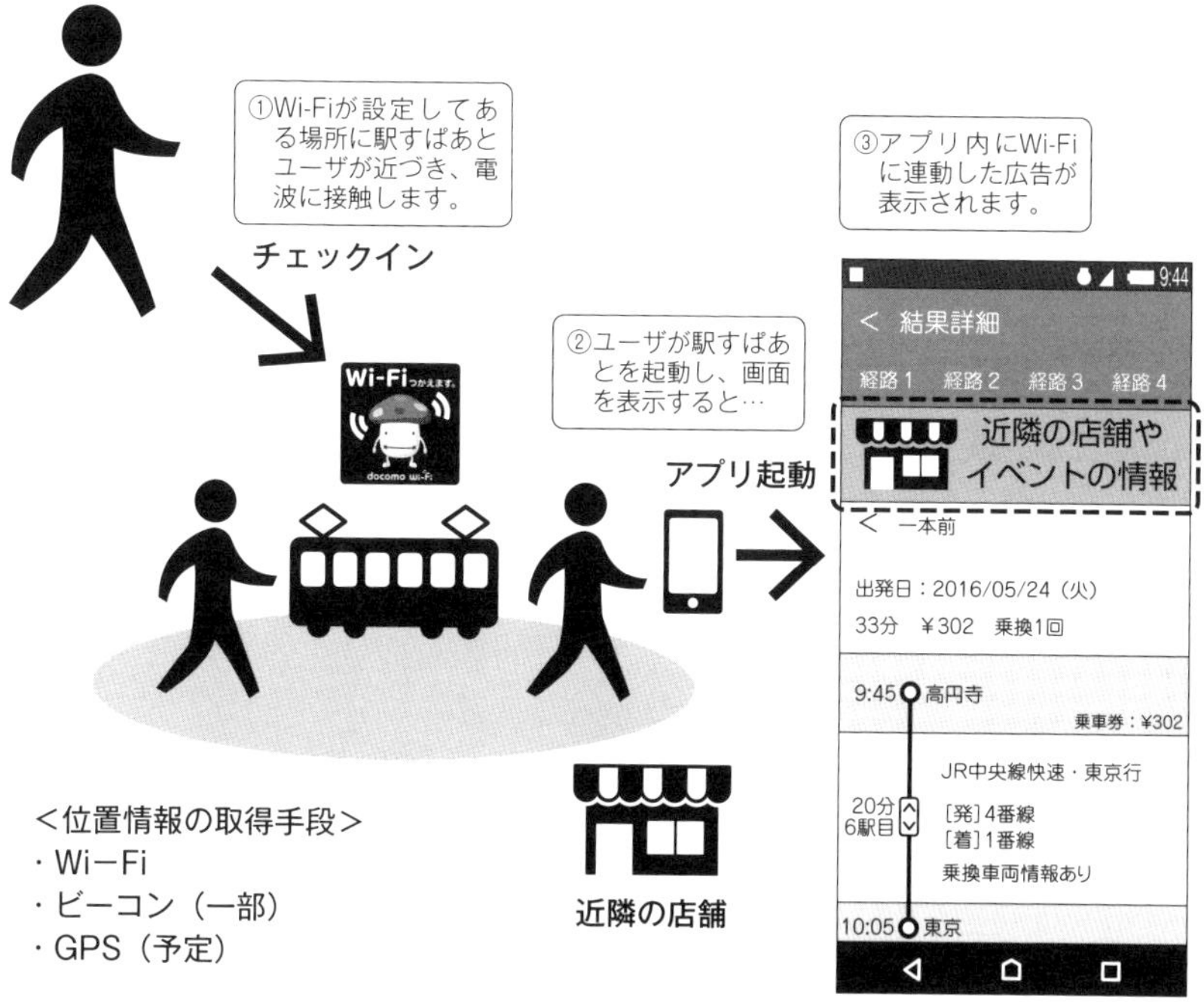

＜位置情報の取得手段＞
・Wi−Fi
・ビーコン（一部）
・GPS（予定）

例）「就活生」セグメント

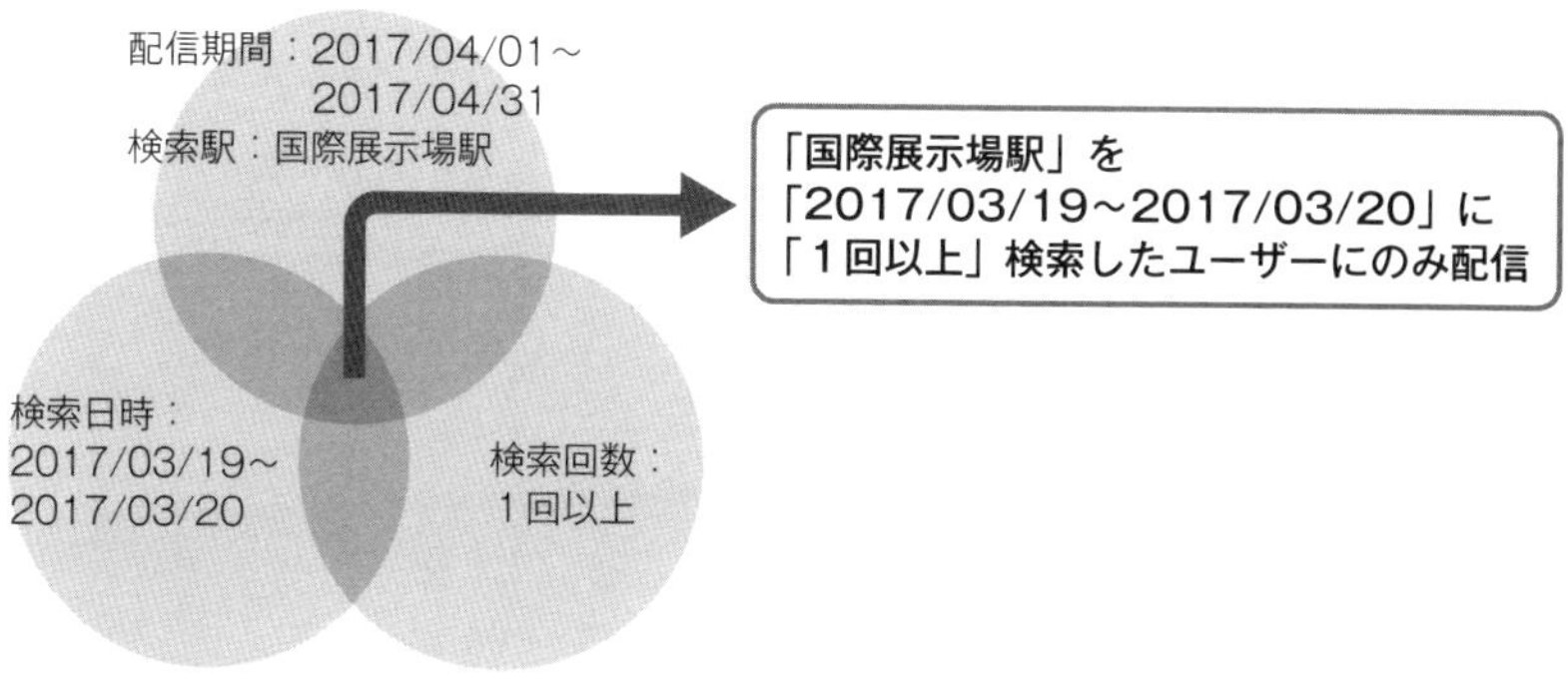

ターゲット特化型DSP

section 8

大学生向けに特化したDSP

TV・新聞離れしたターゲットへ

▼大学生や主婦へのアプローチに強み

自社のターゲットが、大学生や主婦の場合に強くお勧めしたいDSPが、「pinpoint DSP」という、株式会社イオレが提供しているDSPです。「理系の大学3年生にリーチしたい」「3歳の子供を持つ母親にリーチしたい」といった要望に対して、効果的に広告を配信することができます。

▼ターゲット精度の正確さ

一般的なDSPは、媒体特性やネット上の行動履歴から類推したユーザー属性によるターゲティングが主流ですが、「pinpoint DSP」は登録制サービスのユーザーデータを活用しているため、データの精度が高いのが1つの特徴です。大学生の3人に1人が利用し、650万人の登録情報がある日本最大級の無料メーリングリスト「らくらく連絡網」や、50万人以上が登録する東証一部上場の大手人材派遣会社の登録情報を元に、学生や主婦へターゲティングを行なうことが可能です。

「性別」「年齢」「大学名」「学部名」などの細かいセグメントまで指定することができます。

▼大学生に特化させたキャンペーン

たとえば、アルバイトサイト運営会社の場合、自社のメインターゲットは大学生です。リスティング広告やツイッター、他のDSPを実施しても、なかなか思うようなターゲットに広告を配信できず、新規会員の増加に苦戦することが多くあります。そこで、大学生限定の応募キャンペーンを訴求内容として、1都3県の大学生に配信対象を絞って配信を実施。正確なターゲットへの広告配信により、会員登録率が向上したケースも多々あります。

また、2018年卒業予定者向けのインターンプログラムに理系の上位校生を応募させたい場合、2018年卒予定の理系上位校生（大学名はクライアントが指定）に配信対象を絞り、インターンプログラムを訴求するといった活用もできます。

▼LINEに広告を配信する

大学生向けDSPの展開図

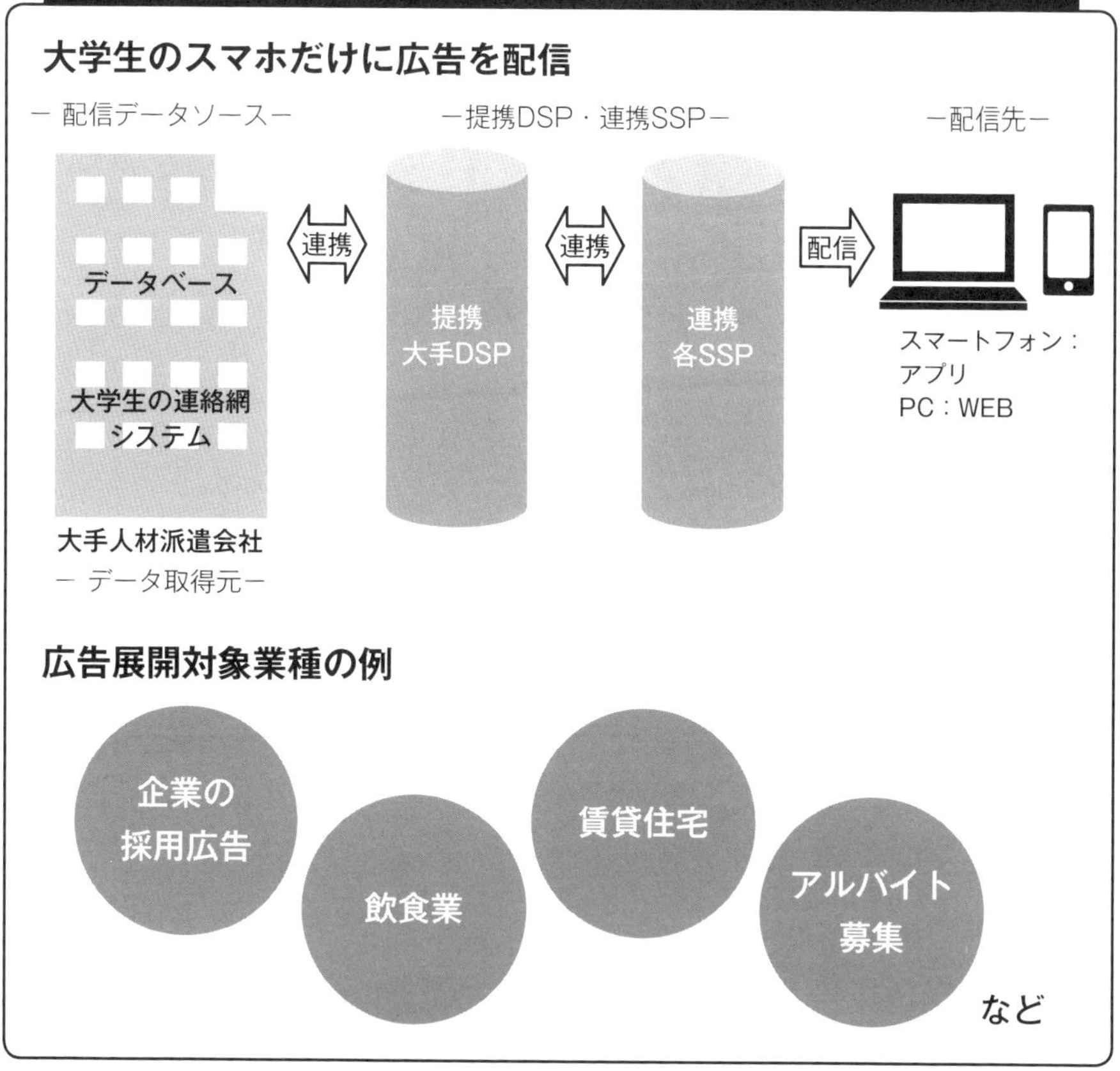

WEB広告やDSP広告を紹介する上で、もはや無視することができないのが、LINEへの広告配信です。

DSP企業大手の株式会社フリークアウトが提供する「FreakOut DSP for LINE」というDSPサービスは、LINEのタイムラインやLINEニュースの広告枠を対象に、広告を配信できるシステムです。

LINEの国内ユーザー数は、2016年12月末時点で6800万人、単一メディアとして国内最大規模のリーチ力を持ちます。全国の13～69歳のスマートフォン（iPhone/Android）ユーザー1967名を対象に、2016年7月に実施した調査では、「スマートフォンで利用するニュースサービス」として、「LINE」の利用率が10代では1位、20代では「Yahoo!」に肩を並べるというデータもあり、ますます活用が拡大されるでしょう。

ただ配信するだけでは不十分

section 9

ディスプレイ広告の落とし穴！ 表示内容と企画の重要性

配信・企画・デザインを連動させる

▼クリエイティブの企画内容が重要！

　ここまでディスプレイ広告の役割と、主な表示方法別の活用内容について紹介してきました。あくまでも、どのような「人」や「枠」に対して広告を配信するか、どのようなセグメントやターゲティングができるかに焦点を当てていました。

　しかし、もっと重要なのは、その「人」や「枠」に対して、どのような企画内容やキャッチコピー、クリエイティブで広告を配信するか、ということです。つまり表示する広告の中身を考えることです。学生がターゲットであれば学生向けのキャッチコピーと企画、主婦がターゲットであれば主婦向けのキャッチコピーと企画で広告を配信するべきなのです。これができていない企業がまだまだ多いのが現状です。ただ広告が表示されるだけでは、ユーザーはそう簡単に広告をクリックしてくれません。そこには目を引く内容や、ユーザーが求めている内容を提供する企画力が大変重要になります。

▼ニーズに合わせた広告を配信する

　ディスプレイ広告を実施する際に、すべてのターゲットに対して同じ広告を表示しているケースが多く見られます。ユーザーによって、探している内容や検索しているキーワードは違うはずです。年齢、性別、年収や家族構成が違うだけで、その人が求めている商品やサービスは異なります。

　自動車メーカーの場合で考えてみましょう。年収1000万円以上で、会社役員やエリートサラリーマンがターゲット層だとします。その場合、表示する広告の内容は「かっこよさ」や「デザイン」など、その車に乗ることでかっこいいストーリーが浮かぶようなクリエイティブが必要になってくるかもしれません。逆に、20代の男女には、まずは初心者向けの運転しやすいコンパクトカーや軽自動車などを、燃費や維持費などの価格訴求をメインとしたキャッチコピーとクリエイティブで伝えるのがいいかもしれません。家

表示コンテンツを適合させる

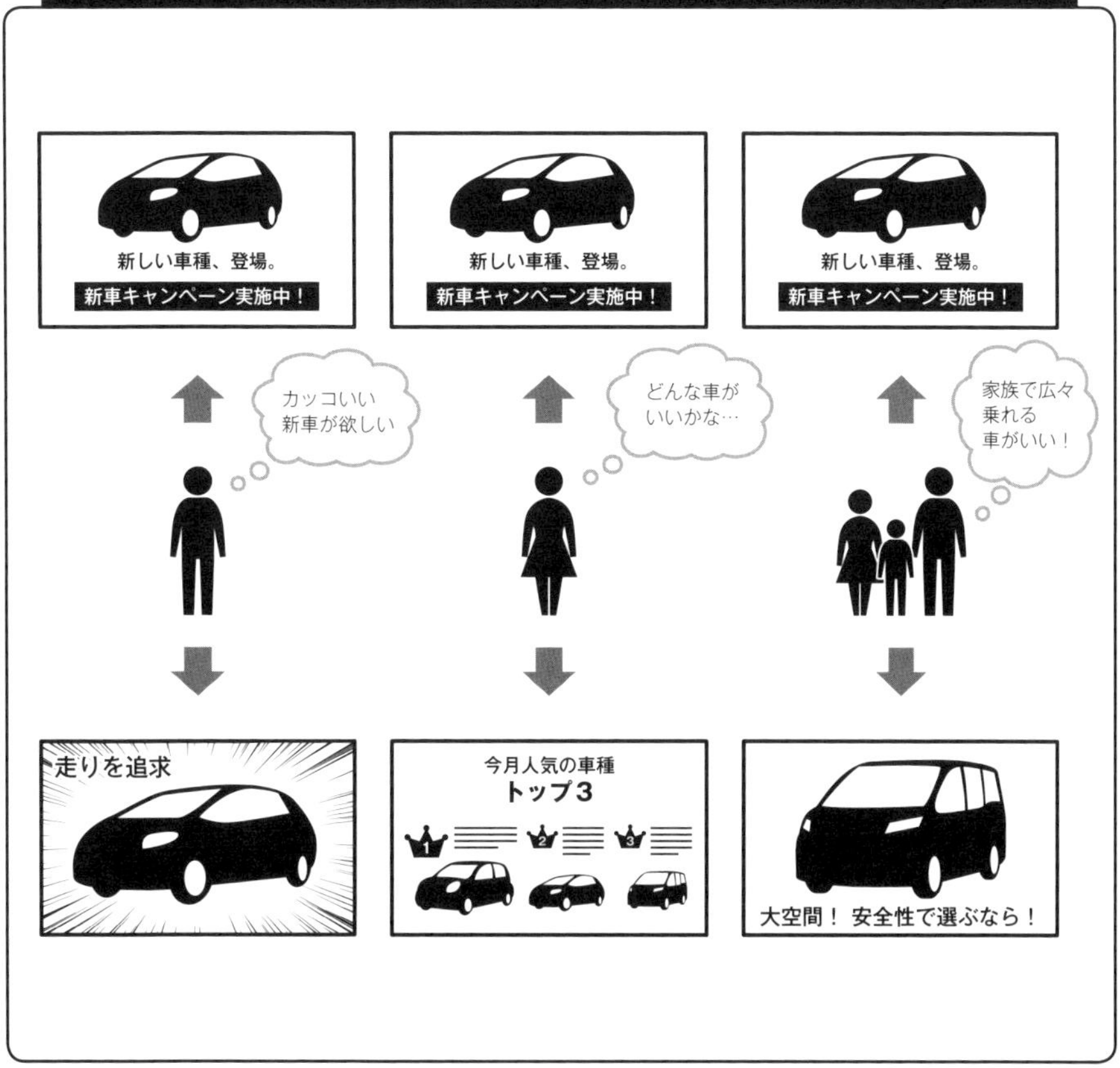

族向けには、安全性や空間が広々としていることを訴求する広告で、ファミリーカーを訴求する方法もいいでしょう。そもそもどのような自動車の種類があるかわからず、「ランキング」などの検索をしているユーザーに認知させたいのであれば、「人気車種トップ10」のように、まずは自社サイトで比較してもらうためのクリエイティブと訴求内容が必要でしょう。

まず、広告の対象としたいターゲット層を明確にしましょう。その上で、ターゲットごとにどのようなクリエイティブやキャッチコピーでの訴求が必要なのかを考えることがポイントです。

もちろん、広告をクリックした後に表示されるページが最も大切になるので、広告とページの内容を一致させることも重要です。

ディスプレイ広告の展開例 section 10

不動産業で資料請求数が半年で2倍になった例

短期間でやめないことと、数字の検証がポイント

▼半年で資料請求が2倍！

先日、ＷＥＢ広告への取組みに関して、ある不動産業のクライアントからこんな話を伺いました。「少し前までは、折込みチラシに１００％の販促費をかけていて、ＷＥＢ広告にはまったくかけていませんでした。その時の資料請求数は、平均10件程度でした。その後、ＷＥＢ対策を開始すると、まもなく資料請求数が平均20件に、そして今では平均40件あり、２００％の伸び率を実現しました」

▼毎月の数字を検証する

この企業はいったいどのようなＷＥＢ広告を行なっていたのでしょうか。答えはシンプルでした。リスティング広告とディスプレイ広告を実施して、毎月の数字を検証した、たったこれだけでした。

担当者の方が、こう言いました。

「今の月間セッション数は平均2万で、そのうちの０・２％がコンバージョンの目標数値です。だから今現在、月間40件の資料請求があるのは大変いい数字です。そして1件の資料請求あたりの販促コストは2万円以内に抑えたいと考えています」

なぜこのような数字がスラスラと出てくるのでしょうか。それは毎月の数字分析と検証を行ない、改善を繰り返しているからです。

▼検証と改善を繰り返す

リスティング広告やディスプレイ広告、ＤＳＰ広告などのＷＥＢ広告は、決して魔法ではありません。結果が出るまでに少し時間がかかることもあります。ＷＥＢ広告を開始して一発目で大成功することは、実に稀なケースだと言えるでしょう。ＷＥＢ広告を実施してみて、ＷＥＢサイトへ訪れる人が何人増加して、その中から何人が資料請求につながったのか。現在1件の資料請求を獲得するために、いくらの費用が必要なのか。こういった数字を把握することが、ＷＥＢ広告を開始する第一歩であり、最も重要なことです。

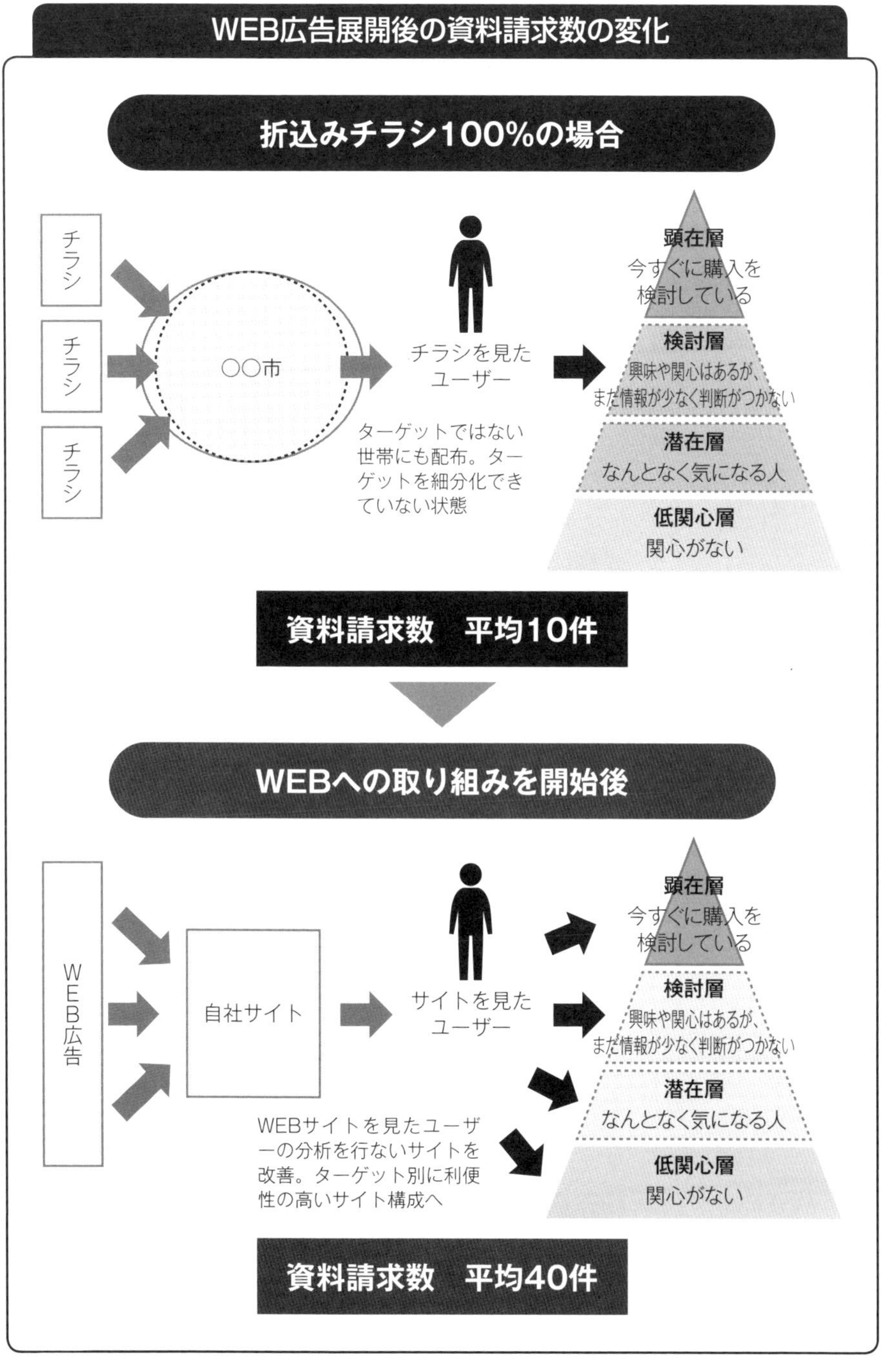
WEB広告展開後の資料請求数の変化
折込みチラシ100%の場合
チラシ
チラシ
チラシ
○○市
チラシを見たユーザー
ターゲットではない世帯にも配布。ターゲットを細分化できていない状態
顕在層
今すぐに購入を検討している
検討層
興味や関心はあるが、まだ情報が少なく判断がつかない
潜在層
なんとなく気になる人
低関心層
関心がない
資料請求数　平均10件
WEBへの取り組みを開始後
WEB広告
自社サイト
サイトを見たユーザー
WEBサイトを見たユーザーの分析を行ないサイトを改善。ターゲット別に利便性の高いサイト構成へ
顕在層
今すぐに購入を検討している
検討層
興味や関心はあるが、まだ情報が少なく判断がつかない
潜在層
なんとなく気になる人
低関心層
関心がない
資料請求数　平均40件

第4章

当たるホームページ・ランディングページの作り方

▶section

section 1

商品とキーワードの設定

集客商品・主力商品・品揃え商品を決める

プロモーションは商品のためにある！

この章では、当たるホームページ・ランディングページの作り方についてお伝えしていきます。

今や、ホームページやランディングページを制作されている方のほとんどが、サイト自体に何らかしらの目的をもたせていると思います。そのほとんどが売上を上げること（問い合わせを獲得すること）でしょうが、そのためには、見込み客がどのようにWEBを活用してアクションをとるかというストーリーを組み立てる必要があります。以下の順序で考えてみてください。

▼見込み客の「行動」を考える

①検索をする→「ユーザーがどのようなキーワードで検索をするか」

②検索結果を見る→「検索結果の上位に自社HPが表示されているか」

③サイトに訪問する→「HP訪問時に、目的の情報がすぐに見つかるか」

④情報を理解する→「ユーザーの欲しい情報が、詳しく（コンバージョンをするレベルまで）魅力的に表記されているか」

⑤購入ｏｒ問い合わせをする→「行動（コンバージョン）を起こしやすい導線になっているか」

以上が、お客様の取る主たる行動です。この行動から、ホームページ・ランディングページを制作する際は〝打ち出したい商品・サービス〟と〝キーワード〟をはじめに設定することが重要になります。

これから制作する方だけではなく、すでにホームページを保有しているものの、満足いく結果でない場合には、上記の5項目を今一度見直してみてください。「打ち出したい商品・サービスがホームページ上にわかりやすく表示されていない！」「見込み客が検索するであろうキーワードで検索しても、上位に表示されていなかった！」「競合他社と比較して、自社のよさが打ち出せていなかった！」など、何らかの課題が見つかるでしょう。

自社サイトへの流れと消費者心理

相続手続きの相談をする
場所ないかな…？
？
相続手続き　相談
検索
Googleの検索結果にヒットしたサイトをクリックすると…
サイト①
相続手続き
サポート
専門HP
サイト②
○○税理士
事務所紹介
HP
ここなら相続手続きの
相談ができそうだ！
税理士事務所…？
相続やっているのかな？

section 2 WEB上でのプロモーション比較

競合分析を行なう

価格帯・商品機能・品揃え点数等を把握する

自社のサイト戦略を立てる前に、外部環境を理解していることは重要です。ネットを利用しているあなたの見込み客のほとんどは、必ず競合他社と自社の商品・サービスを比較検討しているでしょう。競合調査を実施することで、ライバルが提供している商品・サービス並びにその内容から、自社のほうが優れている点、特徴を見出すことができます。

最終目標は「お客様に選ばれること」なので、競合と比較した際に、自社のよさが埋もれることなくアピールされているサイトになっているか？という視点を持ってください。競合調査で見るべき視点を以下に挙げます。

①キーワードの市場

見込み客が検索するであろうキーワード候補を抽出し、それぞれ検索した際にどのような企業が登場するかをチェックしてみましょう。キーワードは1種類だけではなく、類似キーワード等も含めます。

②検索順位

①で検索されたキーワードの検索順位において、自社と競合がそれぞれどの位置にいるかを確認します。

また、リスティング広告、SEO対策箇所のどちらも確認をしておきましょう。検索結果上位1ページがユーザーのクリック90％以上を占めるため、1ページ内に出現している企業をリストアップします。もちろん、自社は上位であることが必要ですが、狙ったサイトに検索結果に上位表示をさせるためには、知識だけではなく費用や工数もかかるため、力相応のキーワードを狙う必要があります。

③コンテンツ比較

比較するポイントは訴求するサービス・商品によってさまざまですが、共通して挙げられる比較ポイントは、①キャッチコピー、②商品・サービスの強み、③顧客メリット、④問い合わせ・購入のしやすさ、⑤サイトの回遊性（ビジュアル的な見やすさも含む）の5点です。

競合分析で比較するポイント

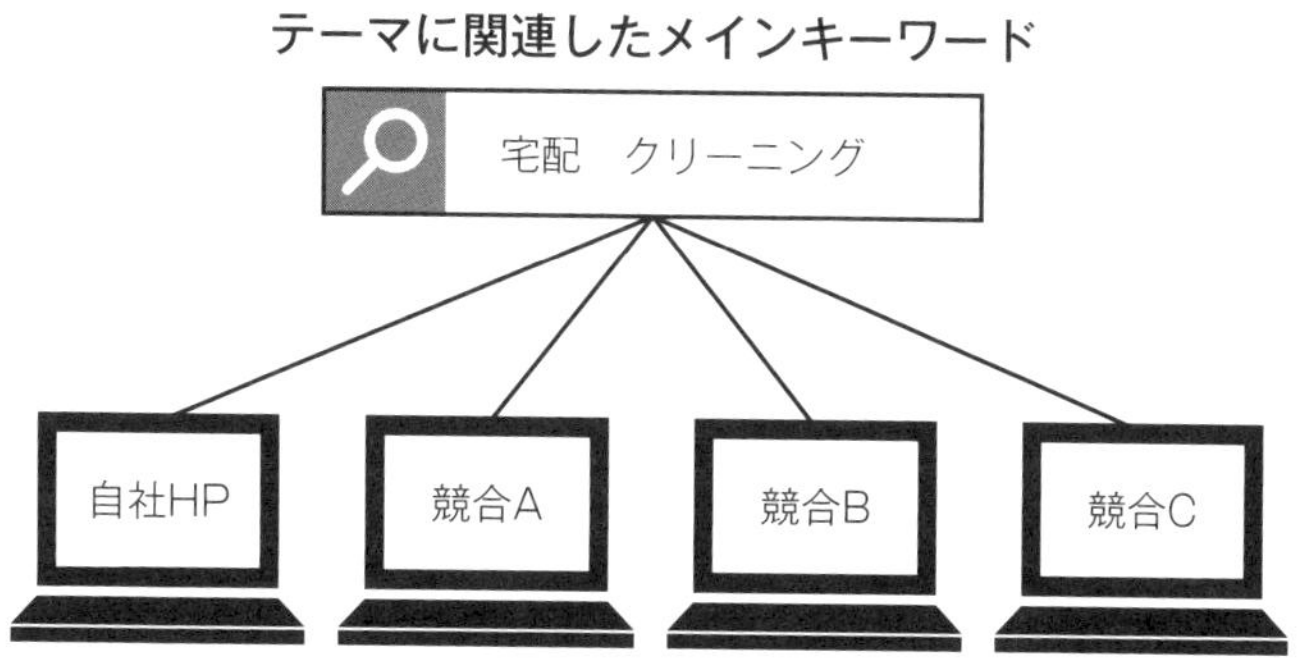

検索順位（Google）	Googleの検索順位は何位？
コンテンツ比較	キャッチコピーは？　商品・サービスの強みは？ 顧客メリットは？　サイトの回遊性は？
外部チャネル	ブログは更新している？ フェイスブックやツイッターはやっている？
モバイル対応	スマートフォンで見た時に 適時見やすいサイズになっている？

④外部チャネルを調べる

フェイスブック、ブログ、ツイッター、ＬＩＮＥなどの外部ＷＥＢ媒体へどのような形で出稿しているかを調べます。自社ホームページへの訪問ルートは、これまでは検索エンジン経由がほとんどだったのが、今ではフェイスブック、媒体サイトなど多様化しています。ターゲットが身近に利用している媒体に出稿されているかを確認しながら進めます。

⑤モバイル対応

モバイルが普及した今、あなたのホームページは、モバイルからのアクセスが急速に増えているでしょう。中には、80％以上がスマホからの訪問というサイトもあります。ＳＥＯ対策の要であるGoogleが、検索順位を判断する基準をパソコンからモバイルへと移行することを発表しており、今後ますますモバイル主流となるでしょう。

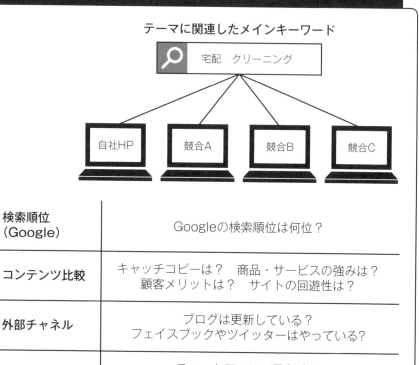

section 3

成果にこだわるホームページを

反響を獲得するための方程式

成功ルールをしっかり決める

反響（見込み客から問い合わせが来る、サービスの申込みが入る、購入される等）を獲得するホームページ、ランディングページの特徴について述べたいと思います。まず、ホームページとランディングページはそれぞれ異なる性質のもので、本書での定義は以下としています。

ホームページ：一般的な複数ページにわたって展開されているサイト。WEBサイトとも呼ばれます。

ランディングティングページ（LP）：縦長1ページで完結されているもの。

性質は異なりますが、それぞれ見込み客が検索するキーワードは何であるか？　そして、サイト訪問者が滞在したくなるページであるかどうか？　は共通のテーマです。以下、ポイントを5つにまとめましたので、あなたのホームページ、LPそれぞれが当てはまっているかを確認してみてください。

▼反響率を上げるポイント

①流入キーワードが明確である

②アクセス数がある（検索順位、リンク等がされているか）

③見込み客の求める情報がファーストビューに配置されている

④モバイル対応されている

⑤CVが明確である

また、ホームページの特徴として、複数ページを保有するため、①ページを回遊する際に迷わない構成になっているか、②キーワードと訴求するサービスにズレがないかなどの配慮が必要です。そして、ランディングページは1ページ完結型であるため、①PCまたはモバイルどちらのユーザー向けに軸を置くのか、訴求できる面積が限られるため、あらかじめ絞り込んでおくこと、②訴求する商品・サービスは1つに絞ることが重要です。

反響を獲得するための方程式として、ホームページ、LP双方に共通する点、それぞれ異なる点がありますので、本ページを参考に見直してみてください。

自社のホームページのチェックポイント！

1 流入キーワードが明確である

あなたのサイトはどのキーワードから流入されていますか？
流入キーワードは、自社の思惑と一致していますか？

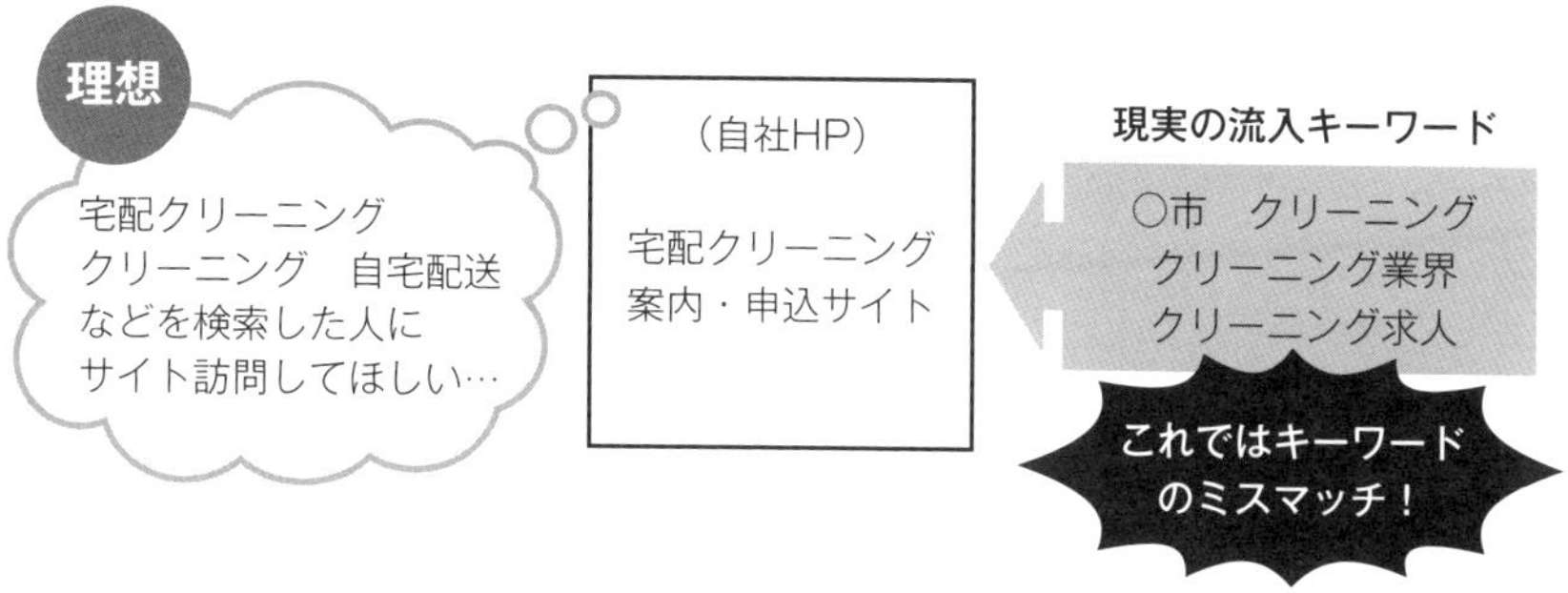
理想
宅配クリーニング
クリーニング　自宅配送
などを検索した人に
サイト訪問してほしい…
（自社HP）
宅配クリーニング
案内・申込サイト
現実の流入キーワード
○市　クリーニング
クリーニング業界
クリーニング求人
これではキーワード
のミスマッチ！

2 アクセス数がある

流入してほしいキーワードからのアクセス数が一定数ありますか？

3 見込み客の求める情報がファーストビューに配置されている

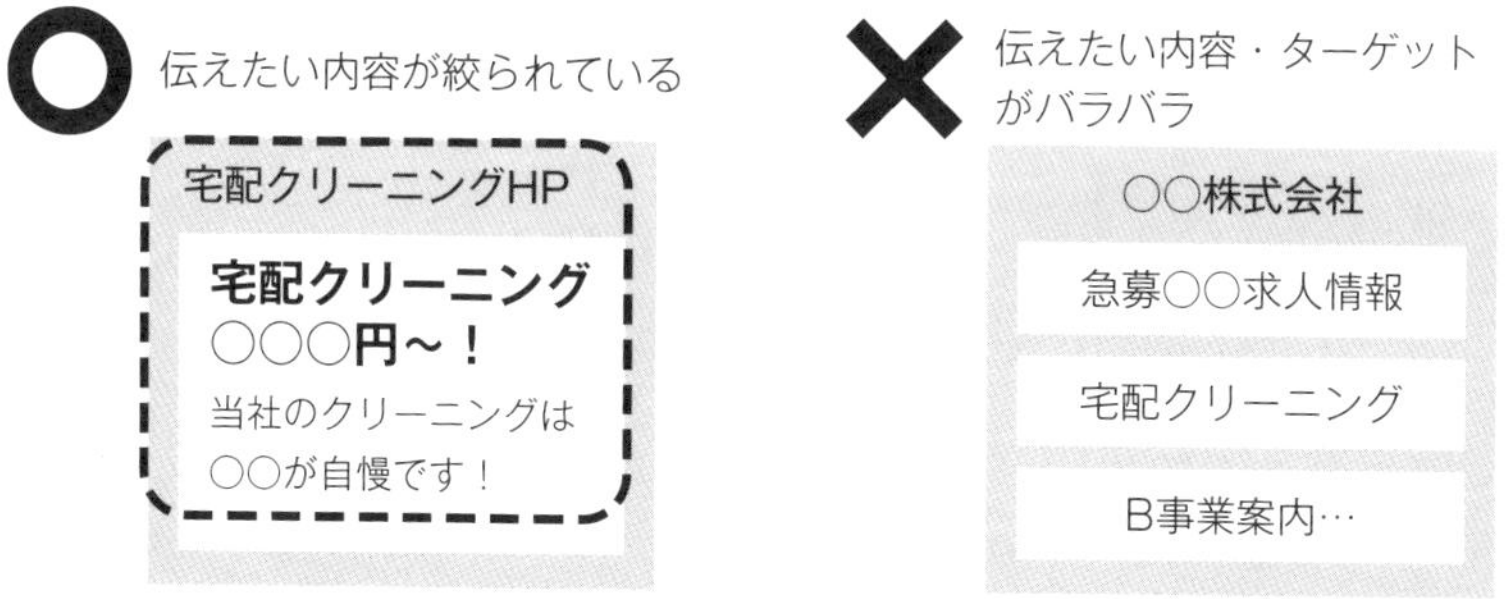
伝えたい内容が絞られている
宅配クリーニングHP
宅配クリーニング
○○○円～！
当社のクリーニングは
○○が自慢です！
伝えたい内容・ターゲット
がバラバラ
○○株式会社
急募○○求人情報
宅配クリーニング
B事業案内…

4 モバイル対応されている

○　同じドメインで、PC、スマホどちらも閲覧できる
×　モバイル対応されておらず、PC画面のまま小さく表示される

5 CV（コンバージョン）が明確である

○　サイト上で問合せ・申込みなどが可能
×　サイト上で何も問合せ、申込みができない

section 4

配置ポイントを守った構成

当たるホームページの基本構成—PC編

「なんとなくデザイン」から卒業する

ホームページを作る際、ほとんどの人が何か目的を持っていると思います。手当たり次第に作成するのではなく、基本構成を考えた上で制作するようにしましょう。主に考える点としては、ターゲット、テーマ、目的の3点を具体的にしてから制作に着手する必要がありますが、その前に、あなたがターゲットとするユーザーのメインデバイスはPC・モバイルどちらであるかを確認してください。総務省発表のデータによると、スマホの世帯保有率は64・2％と過半数を超えています。

もし、すでにサイトをお持ちで、Googleアナリティクスを導入しているのであれば、どのデバイスからアクセスが来ているか確認できるので、ぜひ実際の状況をご覧になってみてください。

たとえばテーマがBtoBであればPCサイトがメインの可能性が高いでしょうし、BtoCであれば、モバイル利用率が高いと思われます。しかし、PCサイトがメインと言っても、モバイルを無視するわけにはいかない状況でもあります。2016年11月、Googleがモバイルファーストインデックスを発表したため、今後WEBサイトはモバイル対応していないと、SEO順位に大きく影響してしまうようです。ユーザー面と検索エンジンの時流適応面のどちらも考える必要があります。

しかし、PC・スマホそれぞれ構成が異なりますので、本項ではPCサイトの構成イメージを掲載します。

PCサイトの場合、スマホと比較して面が広いため、構成の自由度が増しますが、ファーストビュー（最初に映る画面範囲）に主要な情報を掲載します。具体的には、次のものです。

①キャッチコピー

ターゲットが検索するであろうキーワードに適したキャッチコピーであること

②ユーザーが知りたい情報

長い場合は、すぐに遷移できる導線を用意します。

PCサイト(トップページ)の基本構成

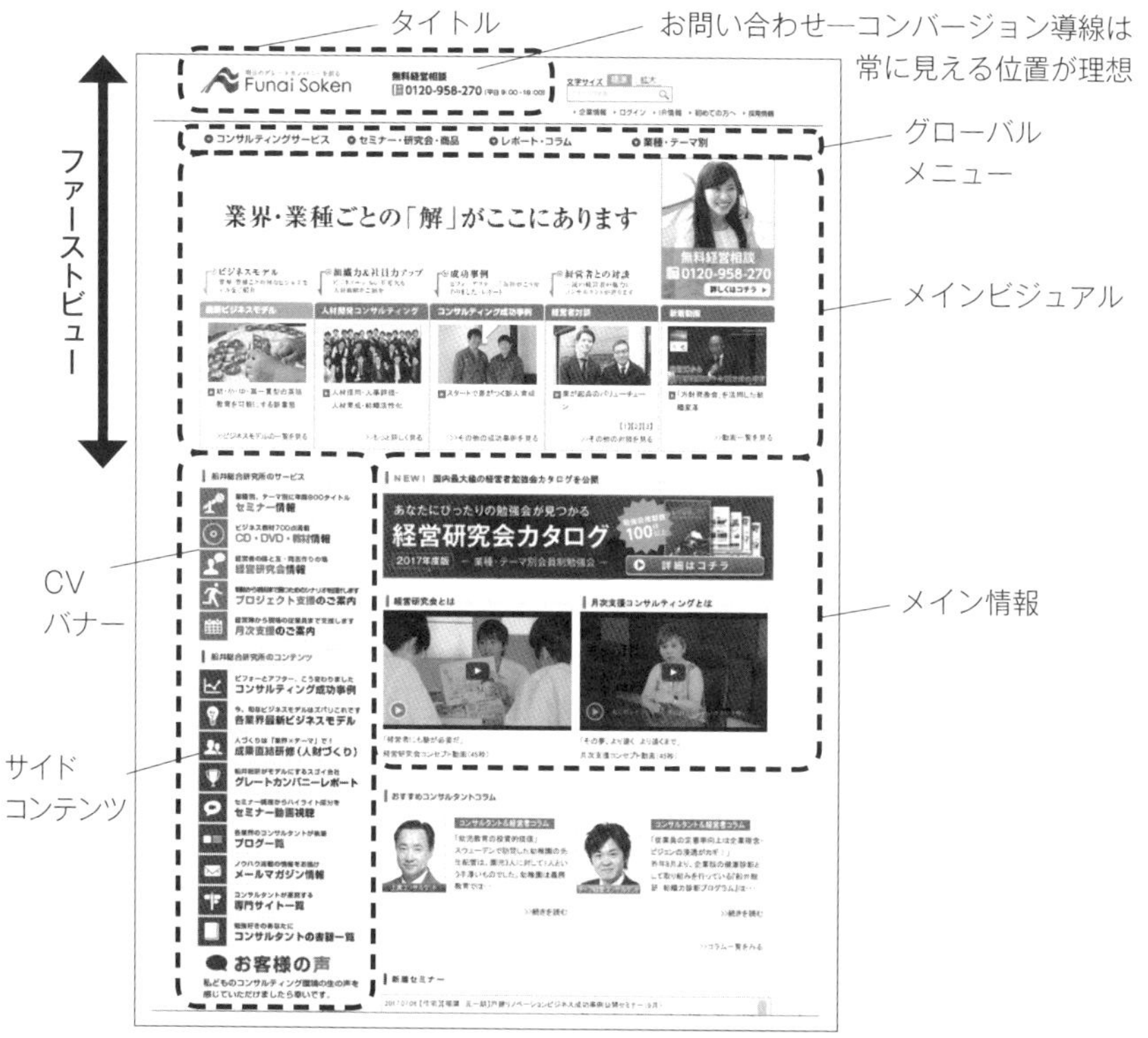

http://www.funaisoken.co.jp/

③コンバージョンへの導線設計

お問い合わせ・購入バナー等、このページを見たユーザーが具体的行動をとれる導線を用意します。また、これらは常時見える設計にしておくといいでしょう。

④グローバルメニュー

どのページに移っても表示される、サイトの基本メニュー。そのサイトの主要コンテンツを示す、目次のような役割を担っています。

また、カラム（サイドのバー・列）については近年ワンカラムのホームページが増えています。これは、見やすさだけではなく、スマホと連動させやすいことも理由にあります。最近は、情報を盛りだくさんに詰め込むタイプのサイトではなく、1キーワード1ページのタイプが主流になっています。

section 5

PCとスマホ、同じ見せ方では時代遅れ

当たるホームページの基本構成ースマホ編

スマホに適したビジュアルを

次に、モバイル（スマホ向け）サイト重視の場合を見てみましょう。スマホは画面が縦長、かつPCより画面サイズが小さいため、指で上下に動かすことを想定したレイアウトにします。3〜4回以内のスクロールで主要な情報が確認できるようにしましょう。

①タイトル・メニューエリア

タイトルはユーザーが検索するキーワードと連動しているものが望ましいでしょう。たとえば、千葉県で相続の相談をしたいと思っているユーザーの場合、タイトルに〝相続〟そして〝千葉〟の文言があると、ユーザーは「千葉で相続の相談ができそうなサイトだな」と認識することができます。また、menuアイコンは、クリックするとメニュー一覧が展開されるものですが、この存在位置づけとしては、前項で挙げたPCのグローバルメニューと同様です。主要なコンテンツのみ掲載するようにし、不用意に長くなりすぎないようにしましょう。

②メインビジュアル&キャッチコピー

このエリアには、①と連動するような画像やキャッチコピーをつけることが望ましいです。

③商品の情報

メインとなるサービス・商品の情報を掲載します。情報が多い場合は（スマホの場合、極力シンプルにする必要はありますが）下層ページへ誘導するためのバナーでもよいでしょう。サービス・商品の概要・自社ならではの特徴・サービスの流れ・価格等を掲載します。PCと異なり、何ページにも遷移して訴求するのではなく、1サービス・商品1ページで完結しましょう。

④ファーストビュー

ファーストビューとは、画面1ページに表示される面積部分を指します。①タイトルと②メインビジュアル部分は1ページ目に収まる構成にしておきましょう。また、縦に長くなる構成の場合、タイトル・メニュー部分は常時表記にしておくか、すぐに上部に戻れるようなフローティングバナーを実装しましょう。

スマホサイトの基本構成

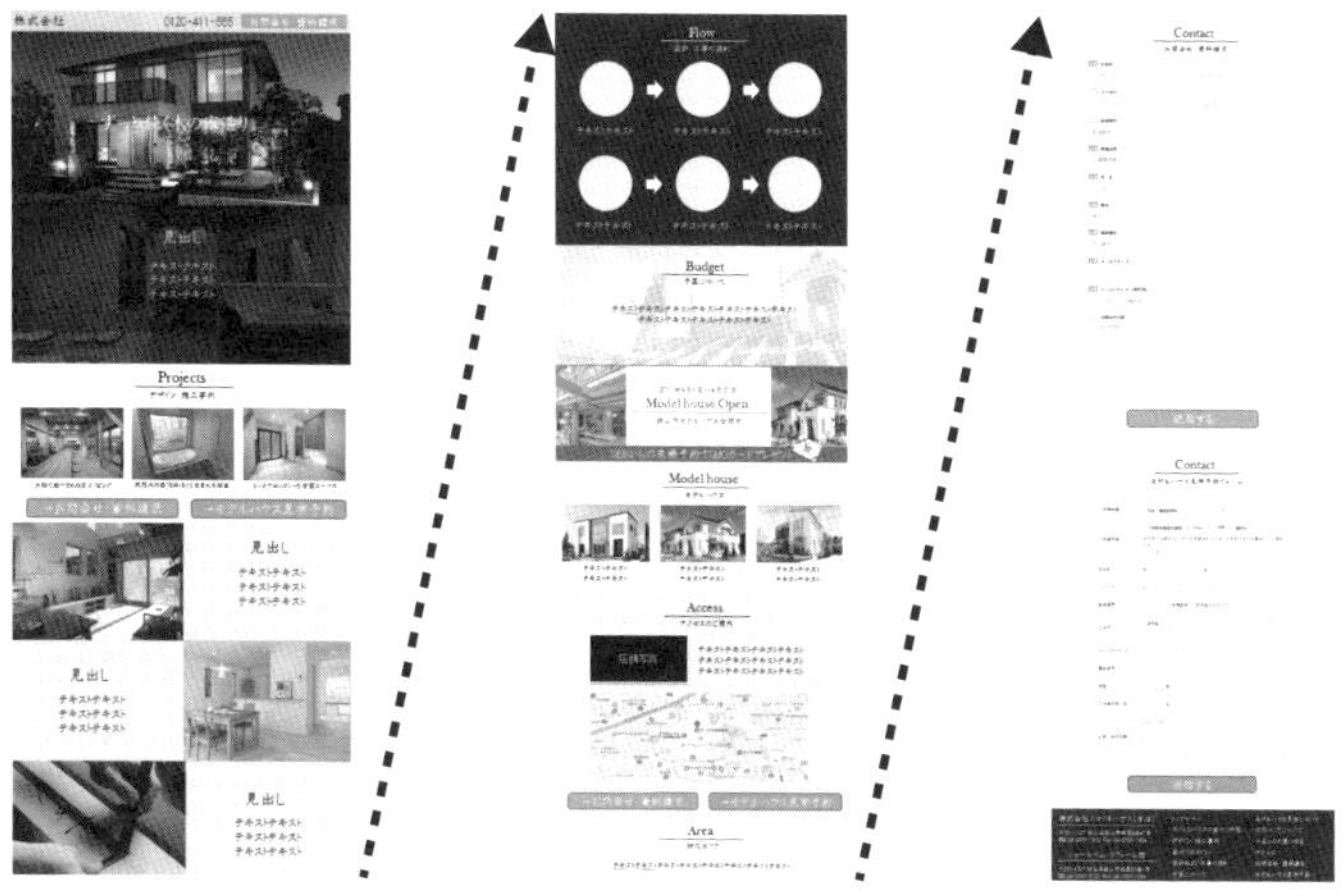

1ページの縦型完結のページで
問合せ・資料請求・来場・購入・応募を促進する

スマホページの原稿・基本構成例

- メイン画像
  キャッチコピー
- 商品・採用のコンセプト
- 商品の特長/企業の特長
- 資料請求・お問い合せ/応募
- 商品メニュー・価格/募集職種

→

- ご購入について/選考フロー
- 資料請求について
- SNS誘導
- 別商品紹介/社員紹介
- 資料請求・お問い合せ
- 会社概要

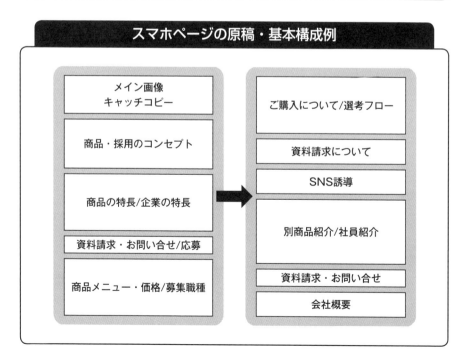

当たるランディングページの基本構成

LPはWEB上のチラシ

ランディングページ（LP）を作る際は、機能的な視点とストーリーの視点、2つの視点を持ちましょう。機能的な視点とは、本書では①ページの長さ、②デザイン面の2つを指します。

▼LPの適切な長さ

ページの長さは、スマホ重視かPC重視かによって異なります。インターネットユーザーの中では圧倒的にスマホユーザーが多いとされる昨今では、スマホで閲覧されることを基本にLPを制作する企業も増えました。スマホでは5～6スクロール、PCでは4～5スクロールが平均的とされています。

▼LPのデザインで注意すること

デザイン面では、訴求したい商品・サービスとデザインが一貫していることが必要です。色味はもちろん、フォント、イメージ（写真やイラスト等）にも気を配ります。

また、ストーリーの視点からも検討します。そもそもLPの役割・目的は、あるキーワードで流入してきた訪問者に何らかの行動をとってもらい、最終的にはコンバージョン（CV）につなげることです。一般的には、メルマガ登録、無料小冊子ダウンロード、無料相談予約、割安（もしくは無料）のお試し商品等、訪問者の負担になりにくい販促手段を準備していることが多いものです。CVしたユーザーに対し、本当に購入してもらいたい商品・サービスのフォローを行なうのです。

例外的に、数万～数十万円以上する高単価の商品・サービスへといきなり誘導する場合もありますが、これは非常に具体的なキーワード（商品名など）で流入した場合に限ります。

LPの作成手順は、以下の流れで考えてみましょう。①どのような商品・サービスを訴求するか、②ターゲットは？ ③ターゲットが検索すると想定されるキーワードは何か、④ターゲットに共通している問題意識は何か、⑤CVを何にするか、左図のLPのワイヤーフレーム（構成イメージ）参考にしてみてください。

愛読者カード

書名

◆　お買上げいただいた日　　　　年　　月　　日頃

◆　お買上げいただいた書店名　（　　　　　　　　）

◆　よく読まれる新聞・雑誌　（　　　　　　　　）

◆　本書をなにでお知りになりましたか。

1．新聞・雑誌の広告・書評で　（紙・誌名　　　　　　　　）

2．書店で見て　3．会社・学校のテキスト　4．人のすすめで

5．図書目録を見て　6．その他（　　　　　　　　）

◆　本書に対するご意見

◆　ご感想

●内容	良い	普通	不満	その他（　　　　）
●価格	安い	普通	高い	その他（　　　　）
●装丁	良い	普通	悪い	その他（　　　　）

◆　どんなテーマの出版をご希望ですか

<書籍のご注文について>

直接小社にご注文の方はお電話にてお申し込みください。宅急便の代金着払いにて発送いたします。書籍代金が、税込1,500円以上の場合は書籍代と送料210円、税込1,500円未満の場合はさらに手数料300円をあわせて商品到着時に宅配業者へお支払いください。

同文舘出版　営業部　TEL：03－3294－1801

料金受取人払郵便

神田局
承認
8501

差出有効期間
平成30年6月
19日まで

郵便はがき

101-8796

511

（受取人）
東京都千代田区
神田神保町1－41

同文舘出版株式会社
愛読者係行

毎度ご愛読をいただき厚く御礼申し上げます。お客様より収集させていただいた個人情報は、出版企画の参考にさせていただきます。厳重に管理し、お客様の承諾を得た範囲を超えて使用いたしません。

図書目録希望　　有　　無

フリガナ お名前		性別 男・女	年齢 才
ご住所	〒 TEL　（　）　Eメール		
ご職業	1.会社員　2.団体職員　3.公務員　4.自営　5.自由業　6.教師　7.学生 8.主婦　9.その他（　）		
勤務先分類	1.建設　2.製造　3.小売　4.銀行・各種金融　5.証券　6.保険　7.不動産　8.運輸・倉庫 9.情報・通信　10.サービス　11.官公庁　12.農林水産　13.その他（　）		
職種	1.労務　2.人事　3.庶務　4.秘書　5.経理　6.調査　7.企画　8.技術 9.生産管理　10.製造　11.宣伝　12.営業販売　13.その他（　）		

ランディングページの基本構成

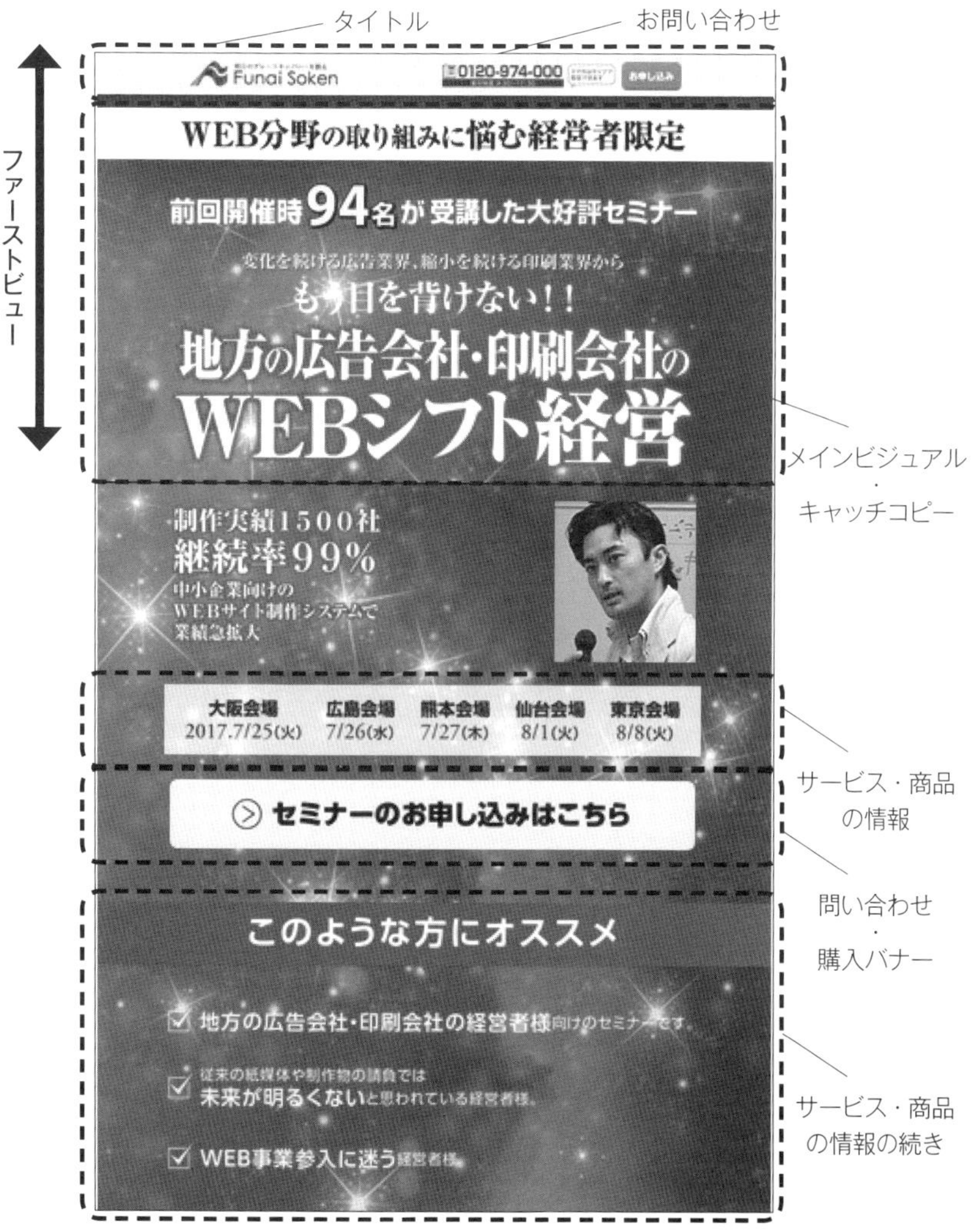

http://www.funaisoken.co.jp/ad_software/020495_lp.html

第5章

見逃せない！WEBに必須の動画マーケティング

▶ section

2022年、3000億円に迫る市場規模

section 1

動画広告市場や動画配信の仕組み

やはりYouTubeがモンスターメディア

▼2022年には3000億円に迫る

動画広告市場は、2022年には2918億円に達し、うちスマートフォン比率は約84%を占めると予測されています。

動画広告市場が伸びた背景には3つの理由があると言えます。1つ目はスマホの普及、2つ目はインターネット環境の整備、3つ目はSNSでの動画コンテンツの普及。特に今年大きな成長を遂げたのは3つ目の理由が大きいと感じます。

▼注目はインストリームの動画広告

フェイスブックを見ている時に、突然動画が流れ、その動画にくぎづけになった経験はありませんか？　これが今後、特に注目されるインストリーム型動画広告です。TV番組と非常に近く、友達や「いいね！」をしているコンテンツからの情報が番組とすると、広告はその番組の間に挟まれるCMになります。スマホのような縦にスクロールして情報を見る端末と非常に相性がよく、左図の通り2022年まで右肩上がりに成長を遂げると予測されています。

▼動画配信の仕組み

動画を配信する方法はいくつかあり、現在主流となっているのは2つの方法です。1つ目はモンスターサイトであるYouTubeに動画を掲載し、自社サイトなどにリンクを置いて配信するパターン。これが今一番利用されている配信手法です。

2つ目は、自社で動画配信プラットフォームを持つ方法。これは月額料金で配信プラットフォームを借りるイメージです。YouTubeは無料で利用することができますが、他社の動画と混在する懸念があります。しかし、有料のプラットフォームを借りることで他社との混在がなくなり、自社の動画メディアとして利用できる利点があります。大手の広告主などは、自社の動画メディアをつくる企業も増えてきています。

ブライトコーブ㈱のように、動画専

動画広告市場

【動画広告市場規模推計・予測（デバイス別）［2015年－2022年］】

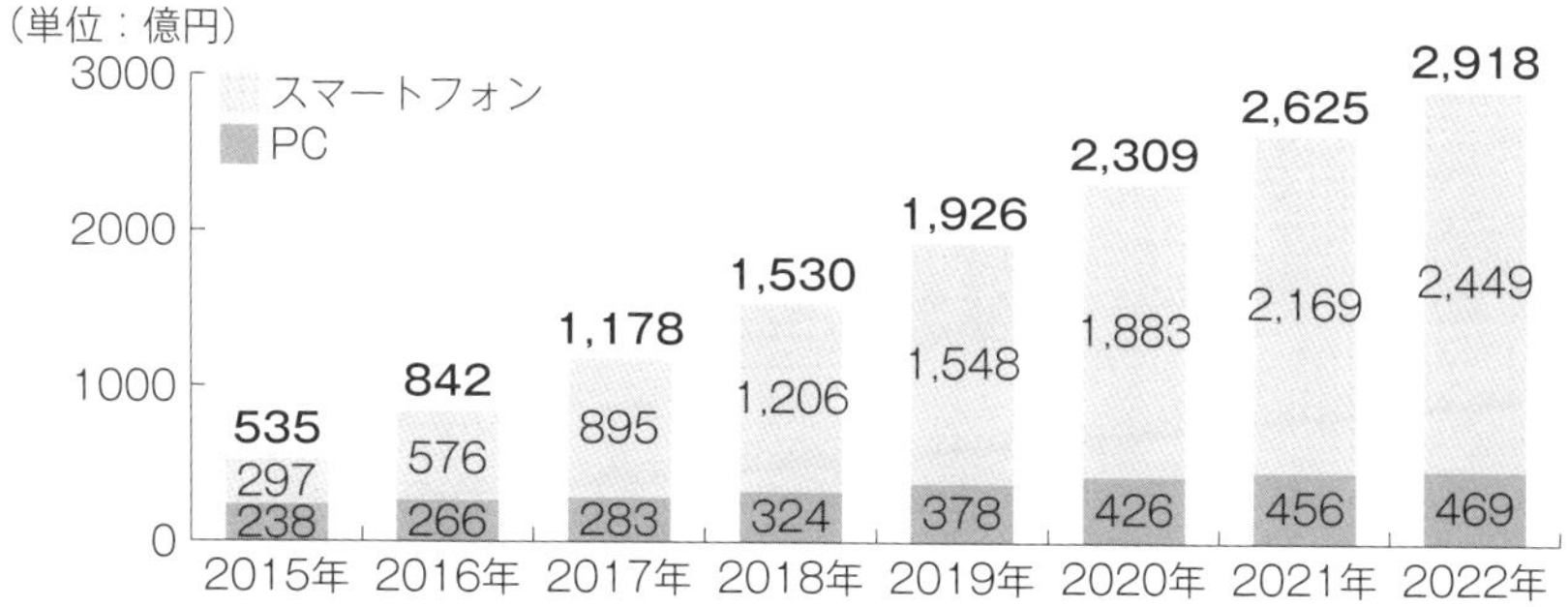

オンラインビデオ総研／デジタルインファクト調べ

【動画広告市場規模推計・予測（広告商品別）［2015年－2022年］】

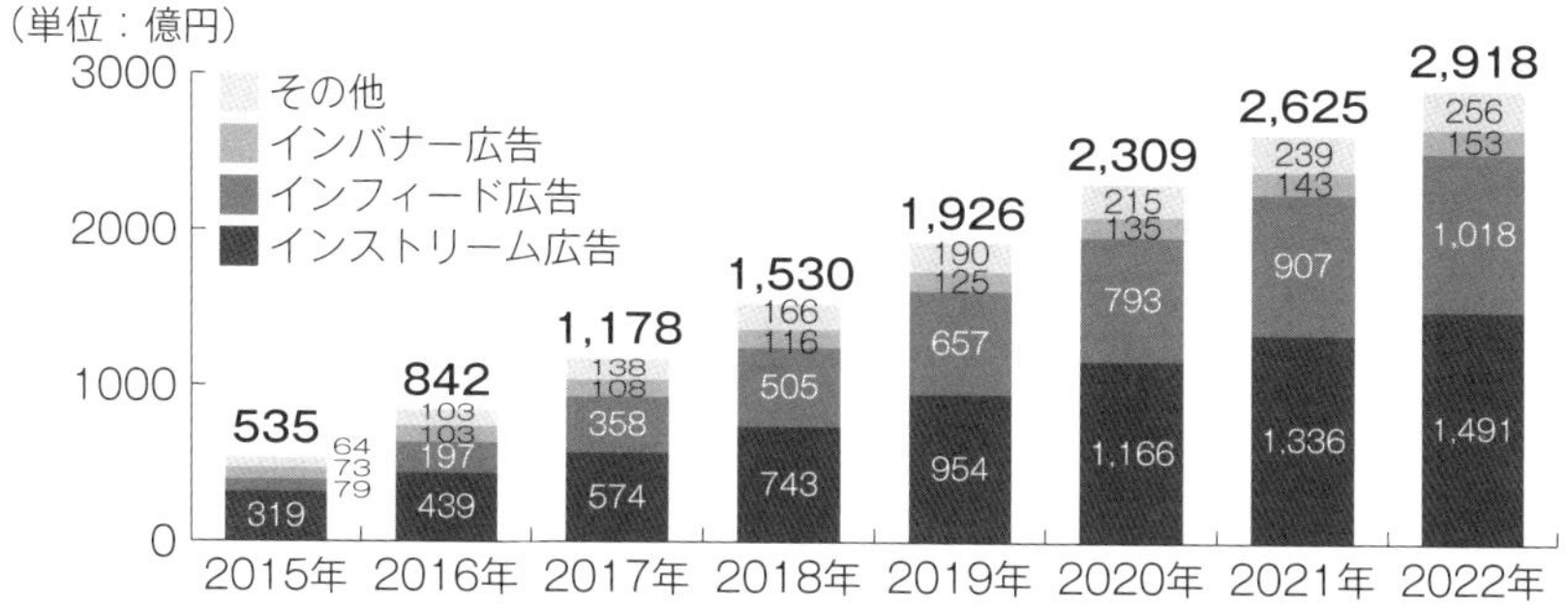

オンラインビデオ総研／デジタルインファクト調べ

門の分析システムや動画サイト構築システムなどのサービスを展開する企業も大変注目されています。ひとつの動画の何秒後のところで離脱する人が多いとか、同じ人が平均3回見ているなどを分析することで、動画の問題点や効果を顕在化させるのです。

動画制作の分野では、㈱LOCUS（ローカス）社のようにリーズナブルな価格で高い品質の企業や、asura㈱（アシュラ）のようにブランディングの観点を重視した高品質な映像制作を提供する企業などに注目が集まっています。

なぜ、動画コンテンツが重要なのか

お客様に情報が届きやすい

▼伝えるのは動画が一番

お客様に自社の商品やサービスを伝える際、雑誌広告や新聞広告、折込みチラシ、ＷＥＢページなどさまざまな方法が考えられますが、これからは動画コンテンツで伝えることをお勧めします。なぜかと言うと、とてもシンプルで、お客様に伝わりやすからです。

人が1日生活すると約３０００個の情報に触れると言われています。なんとそのうち、記憶に残るのは3個とも言われ、２９９７個は忘れられているのです。

ただし、文字で読んだ情報は忘れてしまっても、動画で見た情報は覚えているという経験は、皆さんにもあるのではないでしょうか？　昔ＴＶでよく見たＣＭは覚えているけど、読んだ本はあまり覚えていないという経験です。

▼動画の情報量は圧倒的

アメリカのbtrax社の調査によると、1分間の動画が伝える情報量は、文字に置き換えると１８０万文字分、ＷＥＢページに置き換えると３６００ページ分に匹敵すると言われています。また、動画を利用すると商品への理解度が74%高まるとも言われています。

自社の商品やサービスをお客様に伝えたい場合には、文字が多く並んだ企画書を作るより、動画を1本作ったほうがお客様には伝わりやすいと考えるほうがいいでしょう。

▼動画コンテンツの配信方法

動画コンテンツを作成した後は、どのようにお客様に伝えていくかを考えなくてはなりません。結論から言えば、YouTubeとＳＮＳを活用して配信するのが一番効果的です。YouTubeは動画のモンスターメディアですので、ここに掲載しておくだけで消費者の目に留まる機会が増え、場合によってはＳＮＳで紹介されたり、自動的に拡散される可能性もあります。ただし、いきなり拡散される可能性は高くないので、まずはＳＮＳ広告などを活用して、消費者に知ってもらう施策が必要です。

動画の豊富な情報量

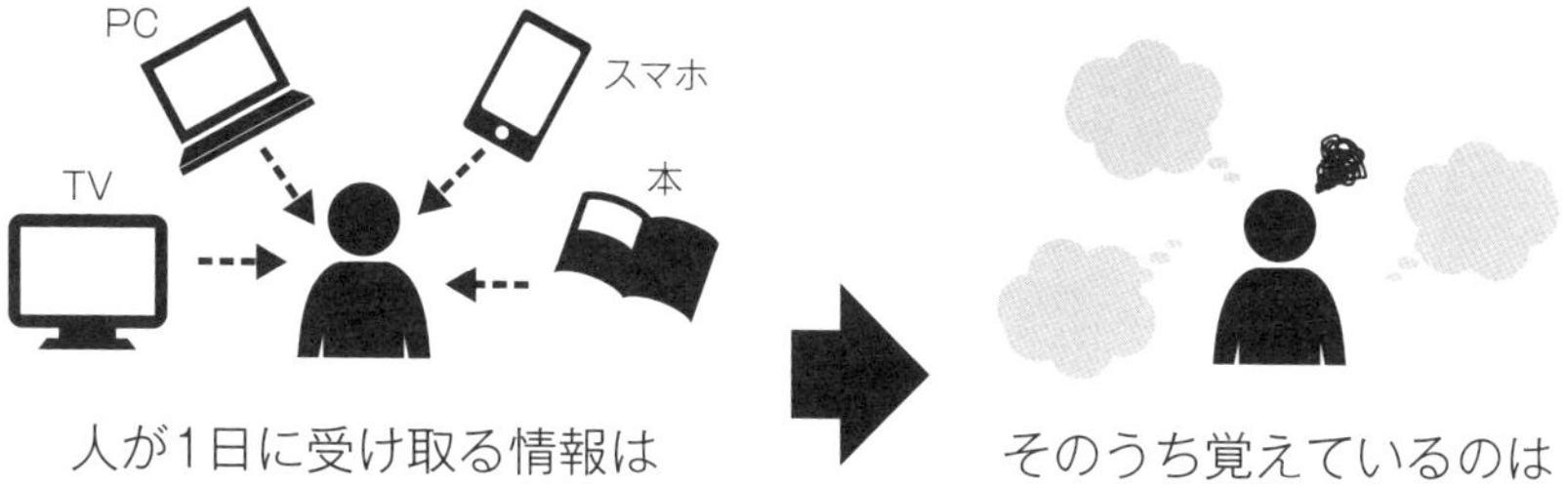

人が1日に受け取る情報は
3,000個

そのうち覚えているのは
3個

情報量の比較

▶ 文字にすると
180万文字分

▶ WEBページにすると
3,600ページ分

配信方法

まずは、YouTubeに掲載

▶ 自社サイトにリンクやウィンドウを置く

▶ SNS広告などを活用し配信

動画コンテンツの抽出は、手間暇かけて丁寧に行なう

ヒヤリングを怠らないこと

▼まずは目的を決めること

動画を作ろうと決めた後に、いきなりその内容を考えようとすると、よい動画コンテンツは作れません。

まず、動画を作る目的を決めましょう。商品のことを伝えたいのか、自社がこだわりを持っている普遍的なことを伝えたいのか、それとも未来のビジョンを伝えていきたいのか。目的を定めずに動画の中身を決めてしまうと、見る側にとって、何も伝わらない動画になってしまいます。

▼動画コンテンツの抽出は丁寧に

動画を作る目的を決めたら、いよいよコンテンツを決めていきますが、動画の内容を検討するのはまだです。

たとえば商品の訴求動画を作る場合、まず取り組むべきことは、「伝えたい商品やサービス内容の棚卸」です。

商品部や製造部の担当者、営業担当者、品質管理担当者など、自社でその商品に関わる多くの人にヒアリングをして、お客様から支持されているポイント・競合との差別化ポイント・自社のこだわりなどを明確にしましょう。

このステップを怠ると、自社が伝えたいことだけが盛り込まれ、お客様にはまったく響かない、自己満足の動画になってしまいます。

また、自社のこだわりや将来のビジョンを伝えたいときも同様で、創業時のメンバーや歴代の社長にも、可能な限りヒヤリングをすべきです。

創業当時の苦労話や、はじめてお客様に買っていただくことができた感動ストーリーなどは、動画コンテンツに必須の内容です。

訴求すべき点が明確になったら、動画内容の検討に入ります。面白い内容か、感動的な内容か、登場人物は誰がいいのか、どのくらいの時間が伝わりやすいかなどを決めて、動画制作会社と打ち合わせをしながら、動画コンテンツを作っていきます。

動画制作までの３つのステップ

STEP 1

動画で何を伝えたいのか目的を決める

・商品訴求をしたいのか

・自社のこだわりを伝えたいのか

・将来のビジョンを伝えたいのか

STEP 2

動画で訴求するコンテンツを決める

・社内の関係部署へのヒヤリング

・お客様へのヒアリング

・競合の展開調査

STEP 3

動画の構成を決める

・感動系や面白系などの方向性

・起承転結など全体の流れ

・動画の長さ、キャスティングなど

商品を訴求する動画コンテンツの構成

できるだけ多くの関係者からヒアリングする

▼3C分析がスタート

前項でも触れましたが、動画を制作する際に一番やってはいけないことは、いきなり動画コンテンツの中身を考え出すことです。もしここからはじめてしまうと、多くの確率で自社の言いたいことだけを言って、お客様にはまったく届かない見本のような動画になってしまうでしょう。

では、どうすればいいのか。皆さんも何度か聞いたことがあると思いますが、3C分析（自社：Company、顧客：Customer、競合：Competitorそれぞれを分析するフレームワーク）の視点で自社商品のことをまとめていきます。やり方は簡単です。お客様から支持されていること、競合と差別化できる要素は何か、自社がこだわっていることは何か、このあたりを丁寧にまとめていきましょう。

ここで大事なことは、できるだけ多くの人に聞くことです。お客様であれば性別や世代別に聞く、自社であればさまざまな部署やベテラン社員・新卒社員などに聞く、多くの視点で聞けるほど、内容に深みが出てきます。

▼コンセプトを決める

3C分析で情報がまとまってきたら、次はコンセプトを固めていきます。3Cの3つの視点から自社商品のコンセプトを1つ決めるとしたら何か、を導き出してください。この時どうしても自社の部分に比重を置いてしまいがちですが、3つのバランスは絶対に意識してください。コンセプトが決まったら、はじめて動画内容の検討に入ります。

▼見る側の温度感は低い

ここで大事なのが「動画を見る側の温度感は低い」と意識し続けることです。動画を作る側は、多くの時間を費やしてきていますが、相手は何も知らない状態で動画を視聴します。ですから、動画のはじめに見る側の意識を上げる必要があります。

自動車の動画であれば、その車を持つことで変化する生活スタイルにワク

商品を訴求する動画コンテンツの作り方

まず、はじめにやることは3C分析

注意

いろいろな立場の
多くの人に
ヒヤリングする

注意

自社の観点に比重を置き
すぎないようにする

《動画構成》

共感	見る側の温度感を上げ、聞く姿勢になってもらう
提案	消費者の視点で商品の機能性を訴求する
価格	商品の価値を伝えきった後で、価格を伝える
オファー	今だけの限定特典などを伝える

ワク感を持たせる必要があります。その変化に共感してもらうことで、はじめて、その商品の機能性が届くのです。冒頭で「エンジンの排気量は３０００ＣＣです」と言われてもワクワクしませんよね。

機能性を訴求した後は、価格を伝えます。価格を最後に伝えるのは、お客様が買う気になっていないのに、価格を伝えても絶対に売れないからです。

もし対象商品でキャンペーンを実施している場合は、動画の最後で伝えましょう。テレビショッピングでも「今だけの特典」は必ず最後に訴求します。

自社ヒアリングを重視する
section 5

普遍的こだわりを表現する動画コンテンツの構成

拡散される可能性が高い

▼拡散される可能性が最も高い

ここ数年、普遍的なこだわりや価値を伝える動画がとても多くなっていると感じます。

そもそも普遍とは「すべてのものに共通するもの」という意味で、普遍的なこだわりや価値を伝える動画は、企業や商品がこれまでに大事にしてきたことや、変わらずにこだわり続けてきたことを伝えるものと言えます。

こうした動画は、感動エピソードや苦労話になることが多いので、人々の共感を呼び、人から人へと伝わっていく可能性が高くなります。

広告要素が少ないことも、その理由かもしれません。

▼自社を中心にヒアリングする

商品動画は3C分析を元に行ないましたが、こちらの動画は自社ヒアリングを中心に行ないましょう。

可能であれば、創業者や創業メンバー、現社長や経営陣、各部署のメンバーなど、なるべく多くの人から、創業当時のエピソード・苦労話・お客様との感動秘話・商品開発失敗事例などの情報を集めましょう。特に創業当時の苦労話は重要です。

▼ヒアリング内容を分類する

ヒアリングした内容は左図のように、普遍性の観点で企業・商品・お客様でまとめ、変化の観点で、創業・現在・未来でまとめてみましょう。このプロセスを怠ると、動画の最後に競合他社のロゴが出てきても違和感のないものになってしまうので、時間をかけてまとめていきましょう。

▼内容を検討する

左図の内容が固まったら、動画の内容を決めていきましょう。まず、決めることは舞台です。自社がこれまでこだわり続けてきたこと、提供し続けた価値を表現する最高の舞台はどこなのかを考えてください。

たとえば、自動車であれば「機能性の高い走りを表現するために山道」が最適なのか、「家族で一緒にいる時間を多く作った車内」なのか、必ず最適

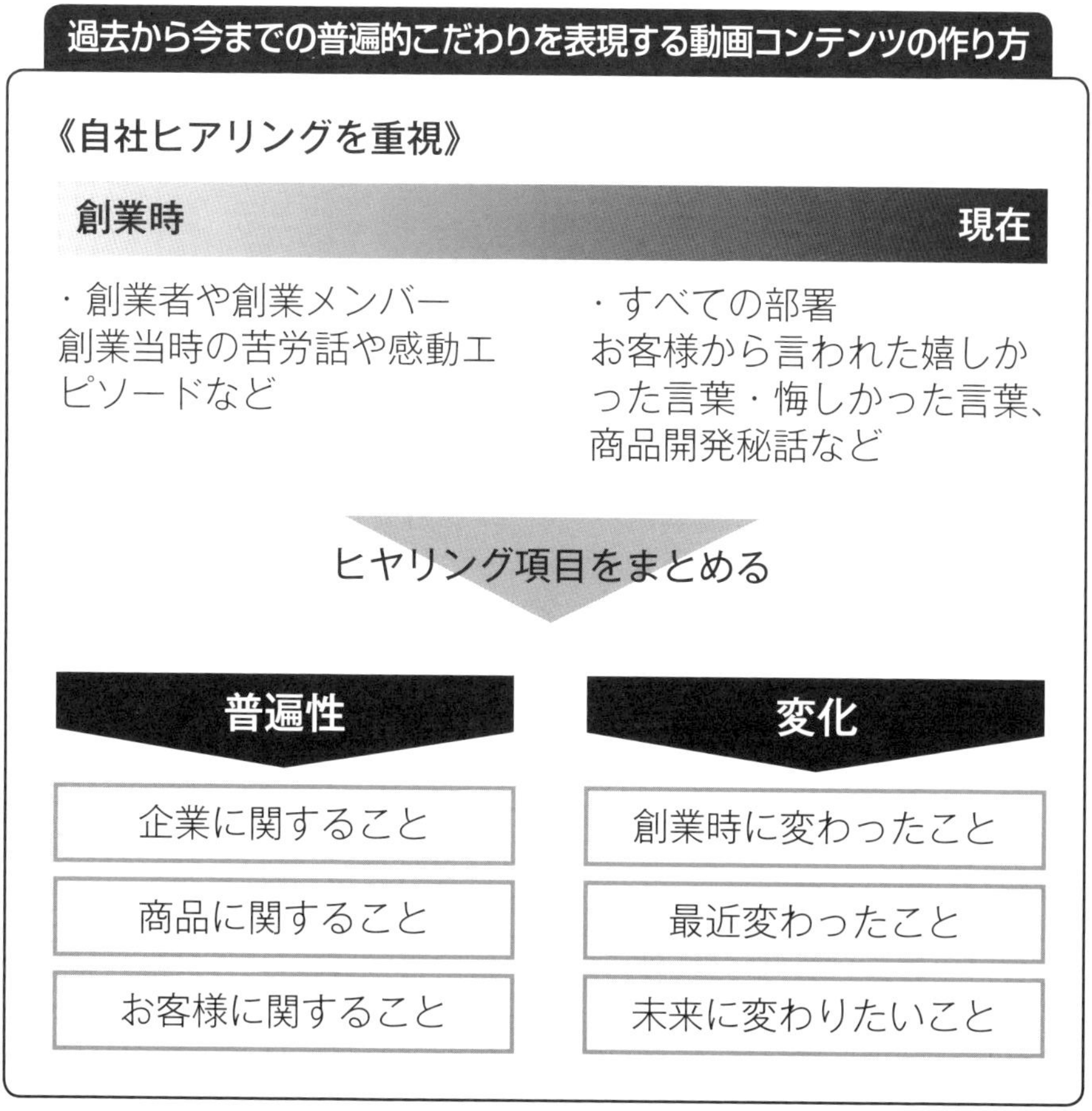

な舞台があるはずです。動画の内容はその舞台で起こったエピソードなどで構成しましょう。

絶対にやってはいけないことは、ここで商売根性を出して商品訴求や企業訴求を盛り込んでしまうこと。これだけは絶対にしてはなりません。

実現したい世界を表現する

section 6

ビジョンや未来、話題性を表現する動画コンテンツの構成

4つの要素で考える

▼2つの軸で構成を考える

拡散されている動画や、何百回と再生されている動画の特徴をよく見てみると、左図の4つのパターンのいずれかに該当します。「共感」や「驚き」の軸と、「ポジティブ」と「ネガティブ」の軸、この4象限の軸のどこに位置するかは、目的や企業ごとのタイプによって変わってきますが、少なくとも1つは備わっていることが大きな要因と言えるでしょう。

それでは、成功している動画の要素を整理していきます。

▼ワクワクさせる動画

企画力に左右されることもありますが、ユーザーが見ていて楽しめるポジティブな動画は成功する確率が高いでしょう。笑ってしまうような面白い取り組みを、うまく動画で表現できているかが鍵となります。特にＳＮＳで拡散されやすいかどうかもが重要なポイントです。

▼企業の姿勢を表現するもの

企業が、自社の商品やサービスによって未来に実現したい世界を表現している動画も、拡散される傾向にあります。成功の分かれ目は、ユーザーの「共感」を呼んでいるかどうかです。

そしてこれらの動画には他にも細かな2つのポイントが隠れています。1つ目には、「企業名や商品名が前面に出ていない」ことです。動画の後半にならないと、一体何の動画なのか、何が言いたいのかがわからないことも多々あります。家族の時の流れを追い続け、家族のカタチの変化を描いた動画が実はハウスメーカーの動画だったり、1人の女性の信念を描いた動画が実は化粧品メーカーの動画だったりします。

もう1つは、その動画に強いメッセージがあるかどうかです。そのメッセージは、動画全体をひと言で表わすべきものです。そのひと言を言うために、動画の構成を考える。ここがビジョン動画の出発点です。

どのゾーンで動画を構成するかを考える

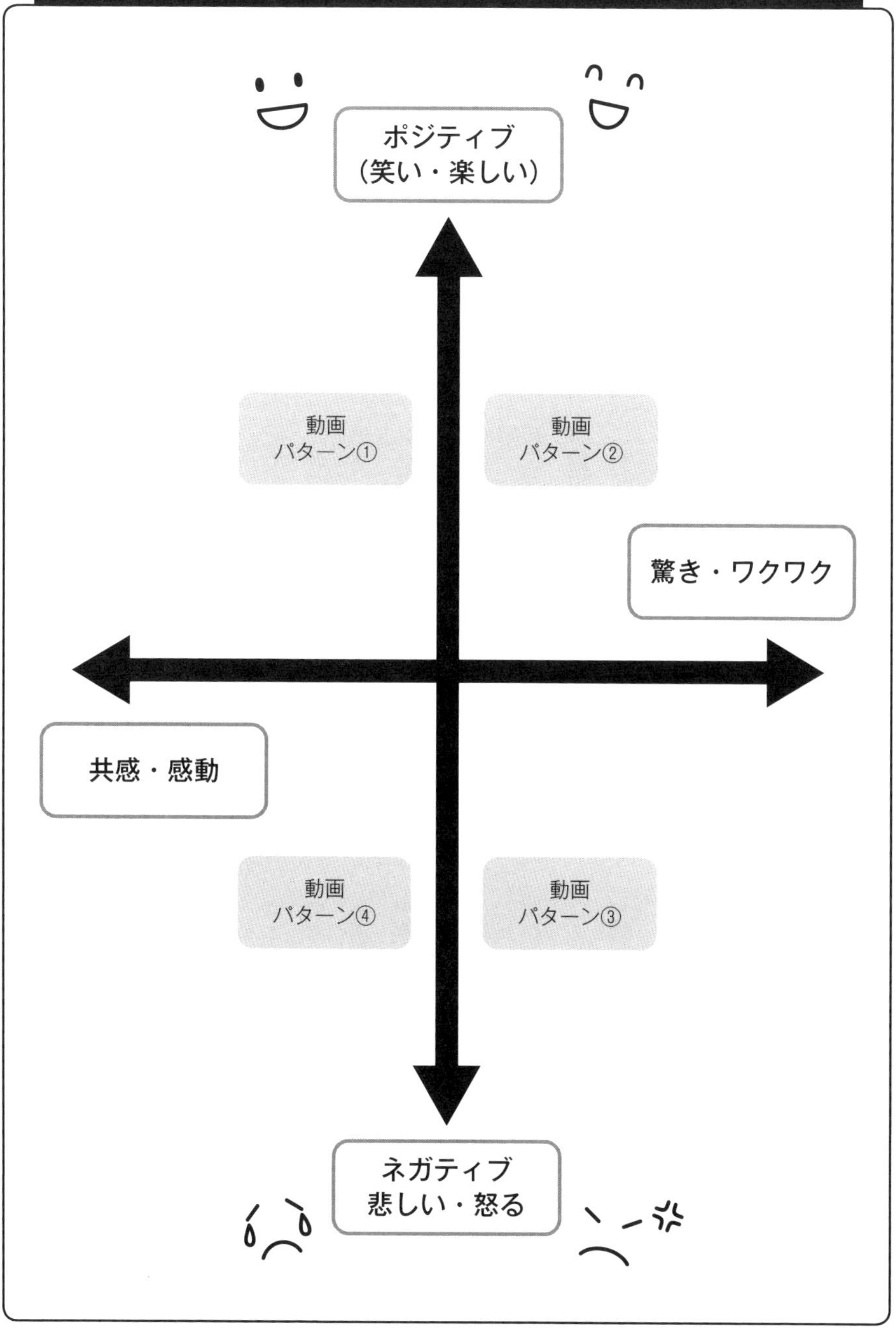

ターゲットごとに映像を用意する

section 7

動画コンテンツ制作のために必要な映像の種類

種類は大きく5つある

動画マーケティングを考える時に大切なのは、目的を設定することとお伝えしてきました。本項では、目的別にどのような映像がそれぞれのターゲット（消費者）にとって必要となるかを整理していきましょう。ターゲット（消費者）の状態に応じて、動画マーケティングの目的を「興味」「理解」「納得」「判断」「購入」に分類します。

▼「興味」（関心を持ってもらう）

ターゲットに興味を持ってもらう段階では、ブランディング動画、新商品の告知やイベント告知などのティザー動画（予告動画）などがあります。商品自体の告知ではなく、一見すると広告には見えないストーリーを持たせた映像で好感度を高め、企業名を認知させる役割を担います。

▼理解（知ってもらう）

興味を持っているターゲットに対しては、商品の機能やメリットを端的に伝えて理解を促す映像が必要です。情報を盛り込みすぎず、訴求するポイントを絞ることがコツです。詳細な情報を伝えたいのであれば、WEBページなど別の受け皿を用意しておきましょう。

▼納得（価値を知ってもらう）

理解を深めて、ターゲットに納得をしてもらうためには、より踏み込んだ情報を提供する必要があります。他社の商品を含めた数値データや、ターゲット層の具体的な悩みやニーズを解決する商品であることを伝える必要があります。

▼判断（購入を判断してもらう）

購入の判断を後押しするためには、お客様の声など、実際に商品やサービスを利用したユーザーの意見が有効と言えるでしょう。

▼購入（商品を購入してもらう）

最終的に購入を判断させるには、事例を見せることが一番説得力があるでしょう。商品やサービスがどのように活用され、効果を発揮しているかを描くことが重要です。

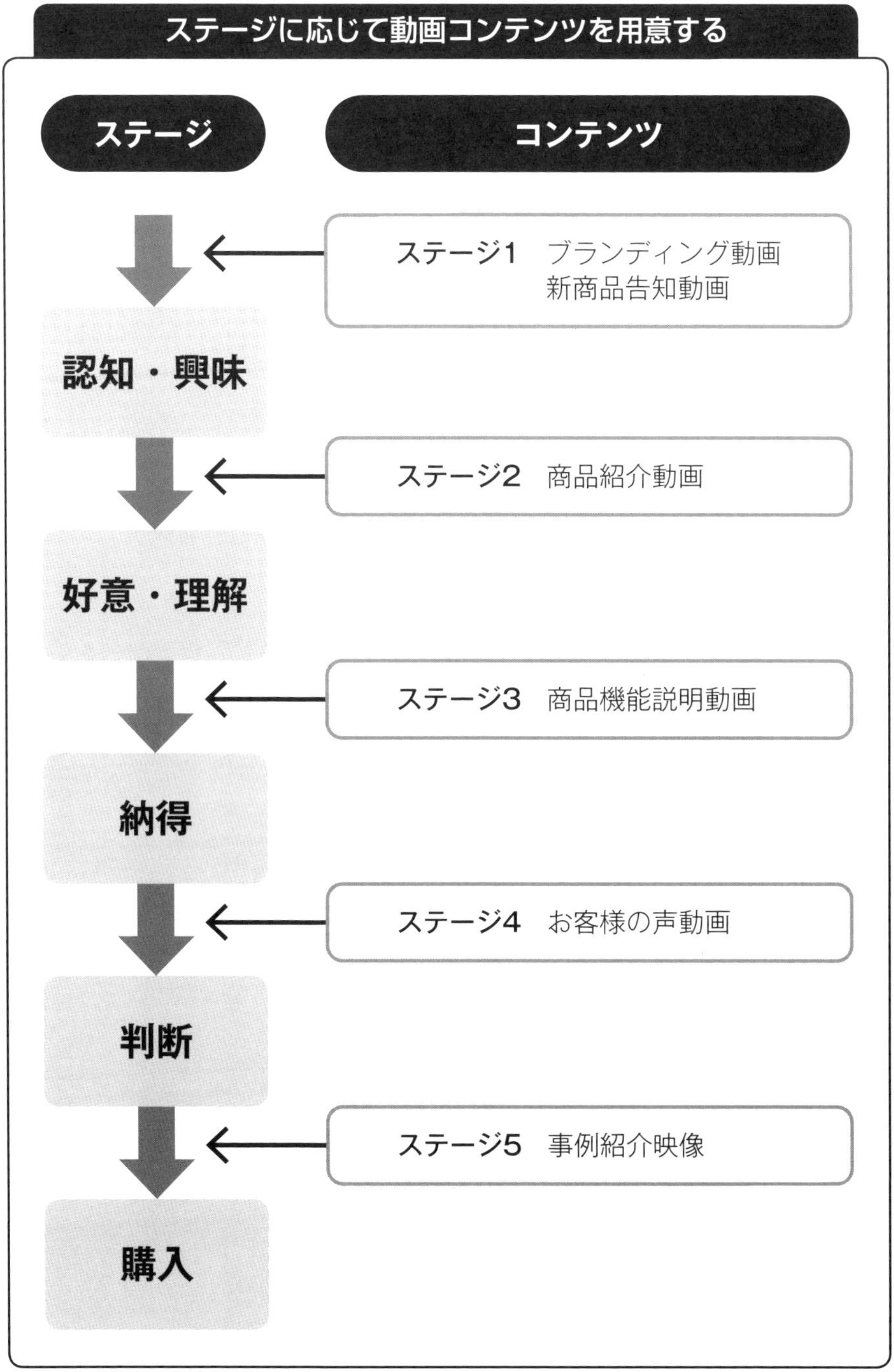
ステージに応じて動画コンテンツを用意する
ステージ
コンテンツ
ステージ1　ブランディング動画
新商品告知動画
認知・興味
ステージ2　商品紹介動画
好意・理解
ステージ3　商品機能説明動画
納得
ステージ4　お客様の声動画
判断
ステージ5　事例紹介映像
購入

動画コンテンツを広げるための広告戦略

あらゆる接点で動画を活用する

前項のように目的別に用意した映像は、さまざまな手法で拡散していく必要があります。ただ映像を制作し、自社サイトに格納するだけでは拡散されにくいでしょう。せっかく作った映像を活用できる方法が多くあります。

▼ランディングページを活用する

ランディングページ（ＬＰ）を用意して、リスティング広告でターゲットユーザーを誘導する方法も有効です。ランディングページのファーストビューに動画を配置することで、ユーザーの目に留まる確率も高くなり、興味関心や認知促進、商品の理解促進を図ることが可能です。

▼YouTubeの活用

YouTubeでの動画広告はTrueView広告を押さえておく必要があります。TrueView広告は、Googleが運営するYouTube内で展開されている動画広告の名称です。YouTubeを利用する視聴者ならご存知の、見たい動画が流れる前の広告動画の配信を指しています。そして動画広告がクリックされれば、直接ランディングページや自社サイトに連れてくることが可能なのです。

▼ＳＮＳによる拡散

現在ではフェイスブック、インスタグラム、ツイッター、ＬＩＮＥなどさまざまなＳＮＳが存在します。どのＳＮＳと連携させるかは、各媒体の特徴を把握した上で、目的に沿った媒体を選ぶ必要があります。リーチ規模・拡散性から選ぶのか、ユーザーの属性から選ぶのか、配信したいコンテンツとの相性から選ぶのか、目的を明確にしておくことがポイントです。

▼ＤＳＰによる拡散

第３章で紹介したＤＳＰによる動画広告の配信も可能です。従来のバナー枠を活用して配信するインバナー型、ニュースサイトを中心にページ閲覧の流れの中で配信するインスライン型、コンテンツの再生前に配信されるインストリーム型による配信形式が用意されており、大量のユーザーに向けて配信したい時はお勧めの手法です。

さまざまな手法で動画を拡散する

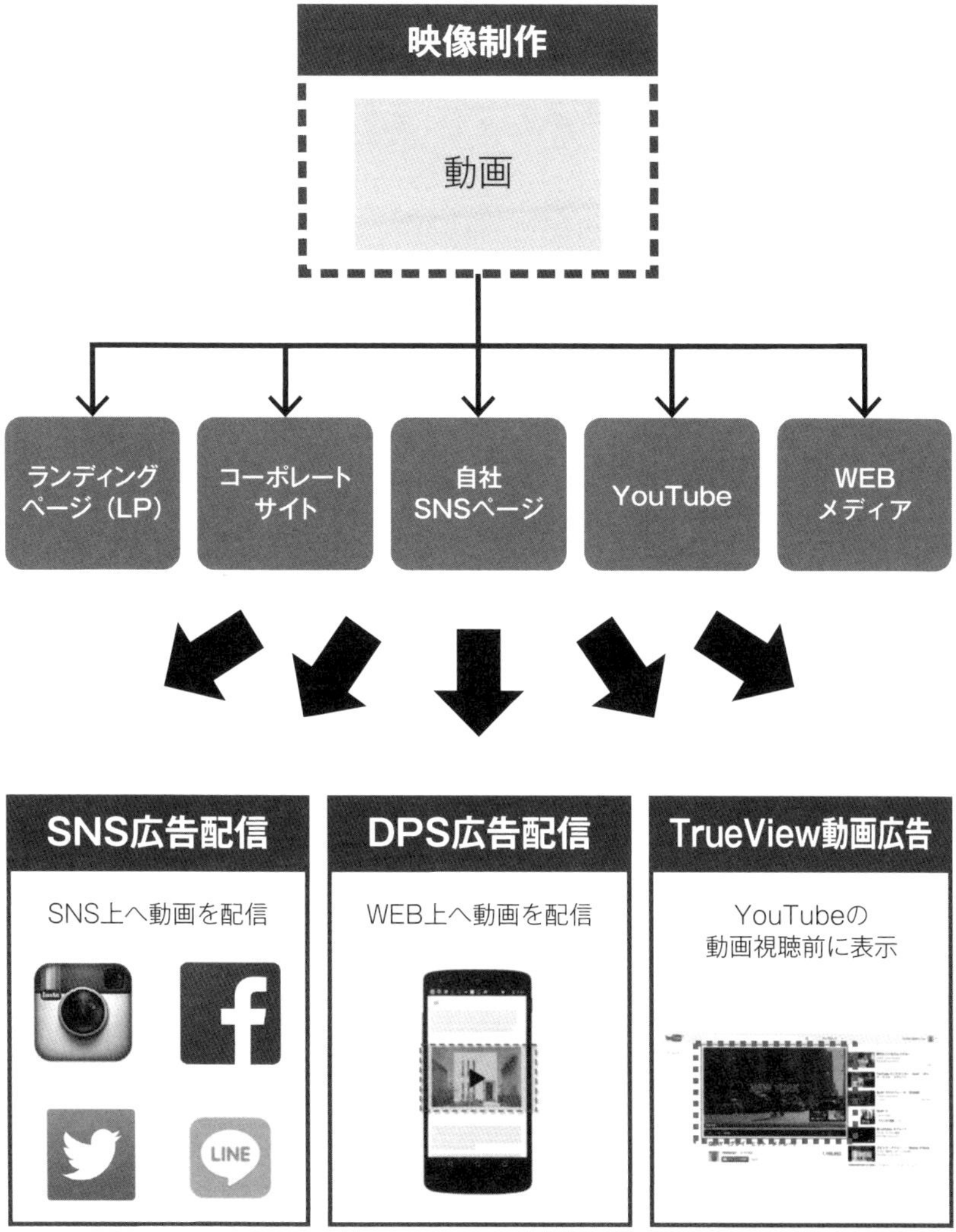

動画広告と静止画バナー広告の効果比較

認知効果を向上させる

▼動画広告による認知率

通常のバナー広告による認知率よりも、動画広告による認知率が高いという結果があります。動画広告と通常のバナー広告接触者に対し、それぞれ接触後にアンケート調査を実施したところ、広告の認知率の割合は動画広告で23%、バナー広告で7%という結果を得たアンケート調査があります。動画広告による認知率は、通常のバナー広告と比較すると約3倍程度の効果を持つと言えるでしょう。それほど動画による情報伝達方法には、「わかりやすさ」や「訴求力の強さ」「情報の簡潔さ」が備わっているということです。

▼動画広告の特徴

しかし当然ながら一度の動画視聴だけではすべてのターゲットに認知させることは難しいので、数回にわたりターゲットへ広告接触の機会を提供することが重要です。一般的なディスプレイ広告などの静止画バナー広告は、広告接触回数の増加とともに商品などの認知・評価が緩やかに上昇するのに対し、動画広告は5回目の広告接触から急激に認知率や好意度が高まる傾向があります。つまり、動画広告は1人のユーザーに複数回見てもらうことが重要なのです。

▼動画広告による態度変容

動画広告による主な効果として、閲覧したターゲットユーザーによる態度の変容があります。動画は通常の静止画バナー広告よりも表現力が豊かなため、印象度が高く、認知・理解を促進し、態度の変容を促す可能性が高くなります。つまり、広告閲覧後にサイト閲覧や検索など、なんらかの行動を起こす可能性が高くなるということです。あるWEBサイトを来訪したユーザーの特徴を分析してみると、通常の静止画バナー広告への接触ユーザーよりも、動画広告への接触ユーザーのほうが検索行動をして来訪したユーザーが多いという結果があります。これは動画広告が「検索行動」を喚起する力が強いことを示していると言えるでしょう。

静止画より動画のほうが認知率が高い

動画広告認知率

23%

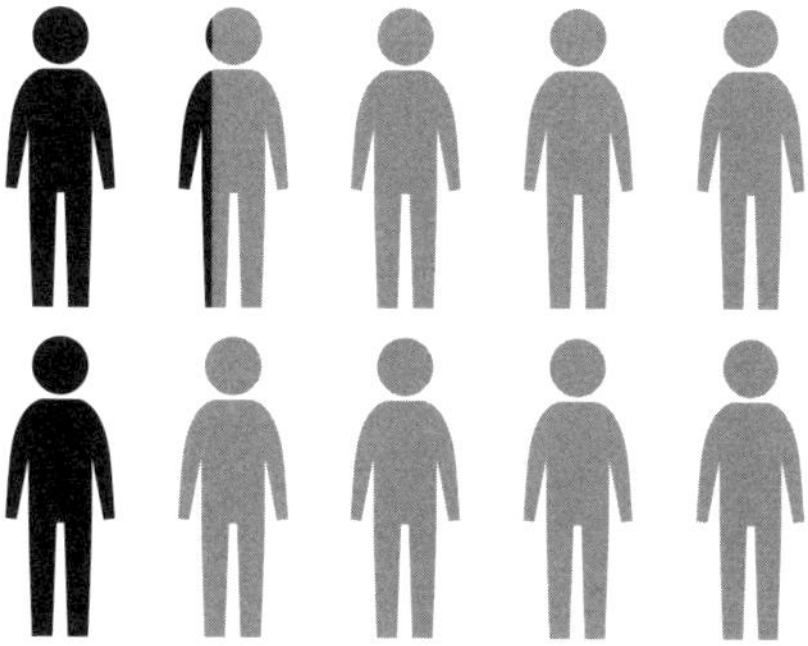

バナー広告認知率

7%

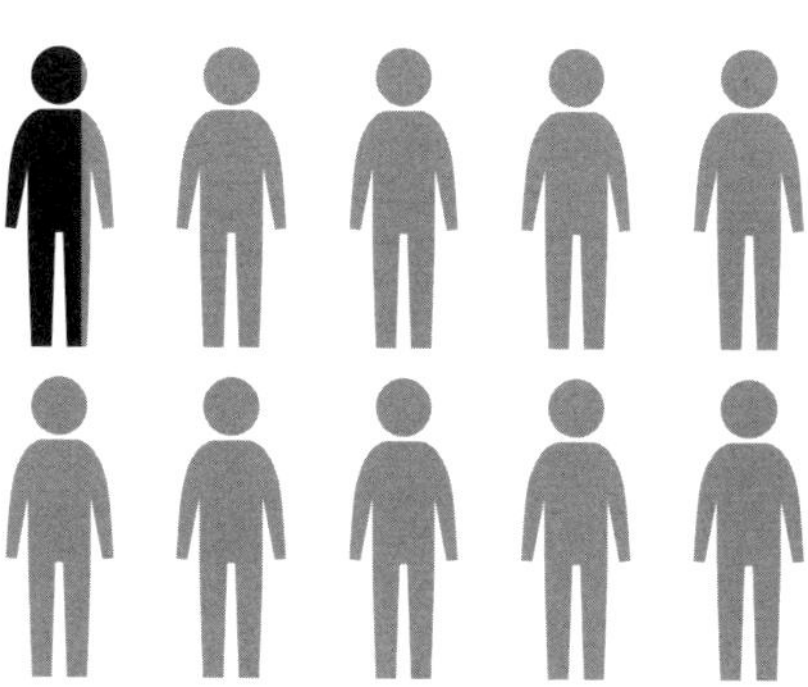

出所：株式会社フリークアウト「動画広告実施後の調査結果」

配信と分析からコンテンツ管理 section 10

動画プラットフォームを使った自社メディア

動画の内容や企画が大切

▼動画プラットフォームとは?

今や大手企業では動画プラットフォームを導入し、自社メディアでの活用が当たり前になってきています。

各企業が保有・配信する動画本数が増えてきたことで、それぞれの資源を適切に管理・分析する必要性が出てきました。

▼配信と分析機能を併せ持つ

動画配信プラットフォームとして有名なサービスのひとつに「Brightcove」があります。Brightcoveは世界中の企業や組織において、インターネット上での動画の公開および配信に活用されています。主に自社サイトでの動画の管理・配信を簡単に行なうシステムで、解析機能も含め動画を視聴した人の属性などのデータをマーケティングに活用することも可能です。

▼動画プラットフォームのメリット

動画プラットフォームにはさまざまな活用メリットがあります。ひとつには、コンテンツ管理です。動画を動画配信プラットフォームにアップロードしておくと、社内管理用のラベル・タグなどを付けることで検索・整理しやすくなり、コンテンツの管理がしやすくなります。また複数サイトへのコンテンツ配信を効率化することも可能です。1本の動画コンテンツを、自社サイト、YouTube、フェイスブックなど、複数のチャネルへ配信することも可能になります。また、繰り返しになりますが、動画ごとの再生数・視聴完了率・離脱ポイントなどを詳細に分析できる点も有効です。実際に「どの場面でユーザーが動画から離脱したのか」、「最後まで見た人はどれくらいいるのか」、「どのデバイスで視聴したのか」などの解析データを参考に、どうしたら離脱率を下げられるのか、飽きさせない工夫をするにはどんな企画があればいいのかを考えていくことができます。

ただし、重要なのは、プラットフォームに頼るのではなく、どのようなコンテンツ(動画)にするかを考え続けることでしょう。

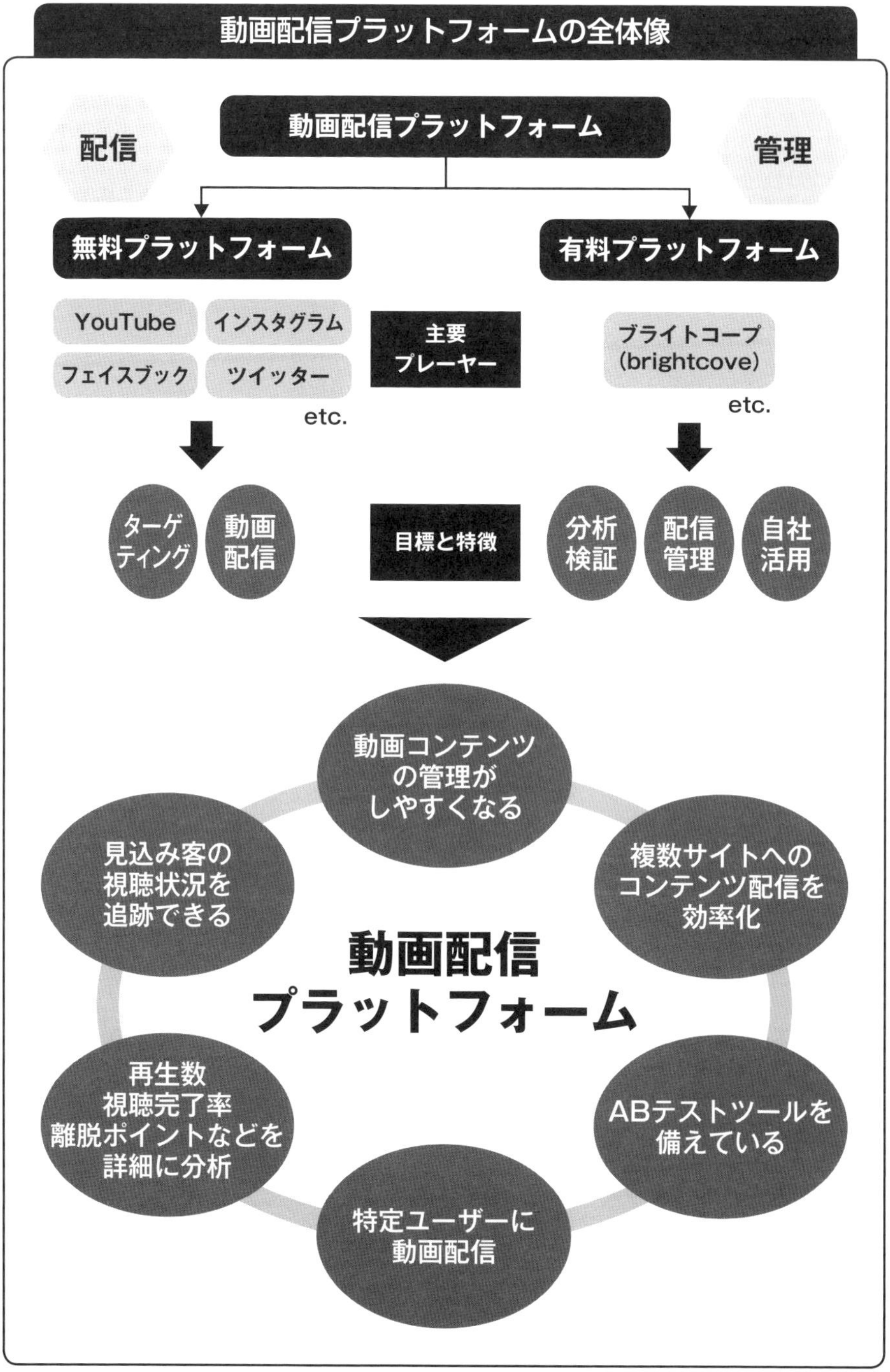
動画配信プラットフォームの全体像
配信
動画配信プラットフォーム
管理
無料プラットフォーム
有料プラットフォーム
YouTube
インスタグラム
フェイスブック
ツイッター
etc.
主要
プレーヤー
ブライトコープ
(brightcove)
etc.
ターゲ
ティング
動画
配信
目標と特徴
分析
検証
配信
管理
自社
活用
動画コンテンツ
の管理が
しやすくなる
複数サイトへの
コンテンツ配信を
効率化
ABテストツールを
備えている
特定ユーザーに
動画配信
再生数
視聴完了率
離脱ポイントなどを
詳細に分析
見込み客の
視聴状況を
追跡できる
動画配信
プラットフォーム

第6章

SNS関連のWEBマーケティング

▶section

section 1

決して見逃してはいけないSNSの活用

そもそもSNSとは

今やSNSは広告のメインストリート

SNSとは、ソーシャルネットワーキングサービスの略称で、テレビや新聞のようなプロが発信するメディアではなく、個々人の情報発信によって作り出されるメディアです。

この章では、日本においてユーザー数が多く、企業のマーケティングに有用な主要SNSである、フェイスブック、ツイッター、インスタグラム、LINEについて解説します。

SNSと言っても、それぞれ特徴や活用領域が異なります。詳しくは、左の表を参照してください。

▼SNSによる価値観と行動の変化

以前、「モノより思い出」というキーワードで有名になった自動車のCMがありましたが、この頃から「モノ消費」から「コト消費」へと消費トレンドが大きく変わりました。

そしてSNSの台頭によって、新たなトレンドが生まれました。それは、「思い出」よりも「承認・称賛」を求めるようになったことです。

これまで、価値判断の軸は自分自身にあり、自分がモノを得ることから、モノを通した思い出を得ることへと、重視するものが移り変わりました。

それが今では、SNSの普及と共に、価値判断の基準が〝自分〟ではなく、〝他人〟へと変化しています。「友達によく思われたい」「自分を少しでもよく見せたい」、これが最も大きな価値基準となり、行動する人が増えているのです。

「あそこに行って、こういう写真を撮って、こんな加工をしてSNSにアップしたら、『いいね！』がたくさんつくはず」と考えて、それ（承認・称賛）が欲しいという理由で行動をする、というのが最近のトレンドです。

このトレンドをしっかりと押さえた上で、マーケティング戦略を構築することが大切です。

それぞれのターゲットと、それぞれの媒体にあわせた運用や広告配信の方法を把握することからはじめていきましょう。

４大ＳＮＳの特徴比較

	フェイスブック	ツイッター	インスタグラム	LINE
ユーザー名	**実名**	**匿名**	**匿名**	**匿名**
情報公開範囲	オープン/クローズド	オープン	オープン/クローズド	クローズド
拡散性（投稿が届く範囲）	○ 友達・友達の友達まで	◎ リツイートによりまったく知らない人にまで	△ フォロワー（友達）にのみ	× 特定の友達のみ
文字制限	なし	140文字以内	なし（写真特化）	なし
ユーザー数	2,700万人	4,000万人	1,600万人	6,600万人以上

2017年6月時点

実名のフェイスブック、140文字までのツイッター、写真特化のインスタグラム、友達とだけのコミュニケーションのLINEと、それぞれ特徴があり、その特徴にあった使い分けが必要です。

section 2

自分もユーザーだけど、広告ではどう使う？

今さら聞けない⁉ フェイスブックとは

フェイスブックはじめの一歩

フェイスブックは、実名で実際の知り合いとインターネット上でつながり、交流をするサービスです。世界最大のユーザー数を誇り、２０１６年現在、全世界で16・5億人、日本国内で２６００万人以上のユーザーがいるとされています。

▼フェイスブックの歴史

創業者のマーク・ザッカーバーグがハーバード大学在学中に、大学内の女子学生の身分証写真をハッキングしてインターネット上に公開し、その中から顔を比べて勝ち抜き投票させる「フェイスマッシュ」というゲームがフェイスブックの起源とされています（これが学内で問題となり、マーク・ザッカーバーグは大学より半年間の保護観察処分を受けました）。

その後、フェイスブックを作り、１週間ほどで大学内の学生の半分が登録し、３週間後には登録者６０００人を突破。これがフェイスブックのはじまりです。

フェイスブックがＳＮＳマーケットに与えた最も大きな影響は、「実名文化」です。これまで日本のＳＮＳの先駆け的な存在であったｍｉｘｉやＧＲＥＥを代表に、ＳＮＳでは〝匿名〟でやり取りをすることが当たり前でした。フェイスブックが日本に上陸した当初、匿名文化の根強い日本においては、あまり流行らないのでは？　という前評判だったのが嘘のように、瞬く間にユーザー数が増加し、日本においてもＳＮＳマーケットを代表する存在になりました。

▼実名による3つの効果

①ビジネスに向いている！

実名文化ゆえに、他のＳＮＳに比べてユーザーの年齢層が高く、ビジネス向きのＳＮＳと言えます。フェイスブックには見込み客となるユーザーが多数存在していることに加えて、企業向けのサービスも整備されているので、うまく利用できると、ほとんどお金をかけずに大きな効果を得られることも特徴です。

フェイスブックの基本的特徴

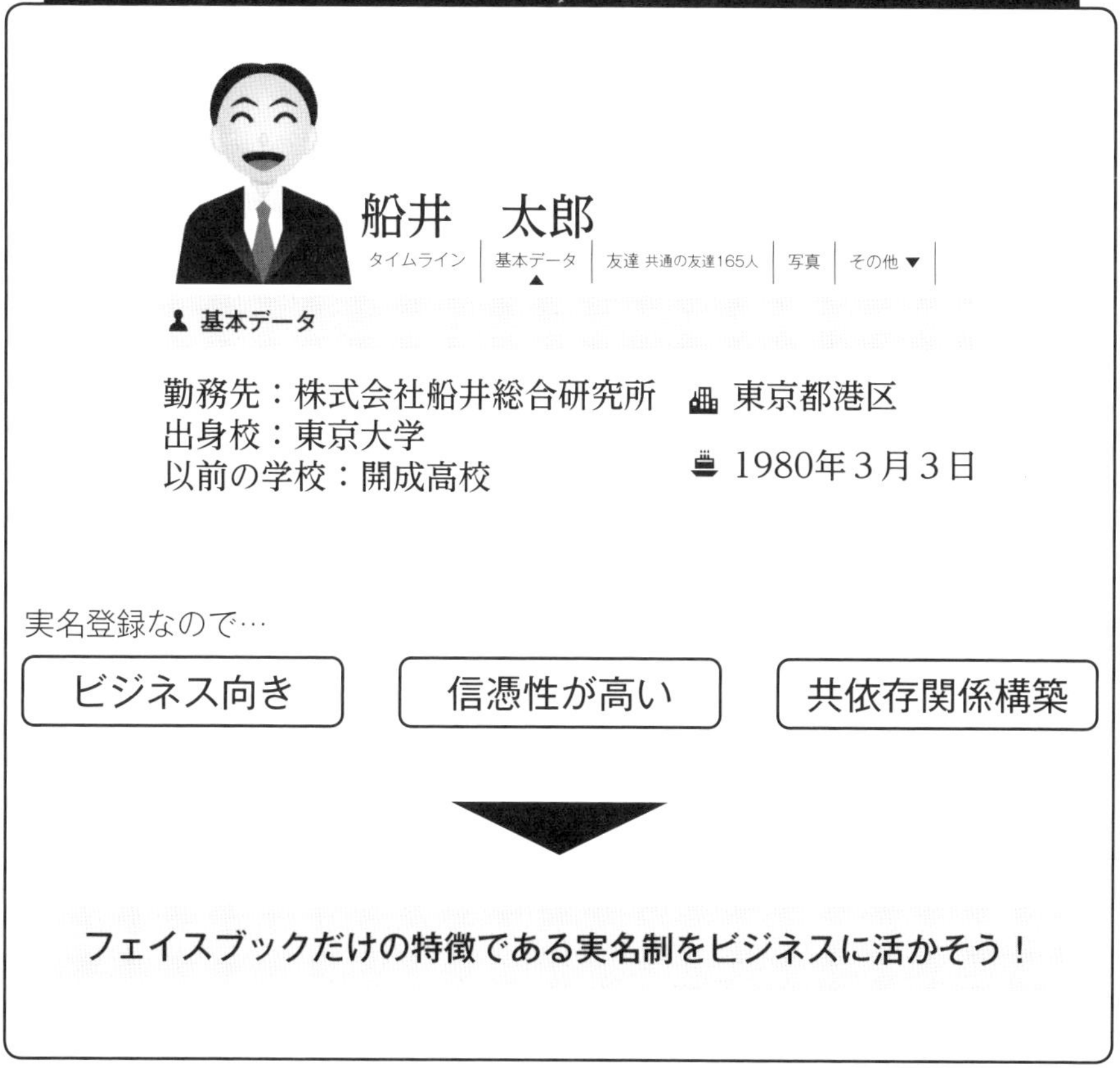

②信憑性が高い

「知り合いの○○さんがお勧め（いいね！）しているのであれば、よい商品なのだろう」と考え、その情報に信憑性を抱くユーザーが多いのも事実です。

③共依存関係が築かれやすい

共にビジネス的に使っているユーザー同士、自分の投稿にもアクション（いいね！やシェア）をしてもらいたいので、日頃から友達の投稿に対して、しっかりとアクションを取るユーザーが多く存在するのも、ビジネス利用する側としてはありがたい要素の１つです。

自分が得た有益な情報を友人に共有するというカルチャーによって成り立っているため、ユーザーの求める情報を発信し続けることが大切です。

section 3

フェイスブック特有のポイントを理解する

フェイスブック活用のポイント

売り込みから共感へ

▼売り込まずに売る

フェイスブックは、自分が得た有益な情報を友人にシェアするという、共有のカルチャーによって成り立っています。そのため、タイムライン上に自分が求めていない情報が流れることを嫌う傾向にあります。

▼ユーザーが求めるものを投稿！

フェイスブックは〝コミュニケーション〟によって成り立つカルチャーがありますので、売り込み色を強く感じた瞬間、ユーザーは去っていきます。

当番制でフェイスブックを運用している企業では、「投稿すること」が目的化しているケースが見受けられます。「今日のランチ」「職場の風景」等の投稿をしてしまうこと多く、著名人であれば別ですが、中小企業の担当者の日常などはユーザーが求めている情報ではありません。

自社が伝えたいこと、売りたいものを投稿するのは10回に1回程度にとどめ、基本的にはユーザーが求める、喜ぶ情報をトコトン発信し続けることが重要です。

▼共感、感動ネタはバズりやすい！

「バズる」というSNS用語がありますが、その由来は「Ｂｕｚｚ」から来ていると言われ、蜂が一点に集まって、ブンブンと飛び回っている様子が語源のようです。ネット上での瞬間的な話題でたくさんの人が注目する様子を指します。「いいね！」やシェアで拡散させるためには、投稿を見たユーザーが共感・感動することが大きな要因になります。自社の業界や地域に関連するニュース等、旬で注目度の高いネタを意図的に取り上げ、拡散を図ることは重要な戦略です。

▼投稿時は必ず写真や画像を添える

前述した通り、フェイスブックはもともと、写真を評価し合うゲームであったため、タイムラインにおける写真・画像の優先度が高く、投稿内容が目立つようになっています。

左の図をご覧いただくと、写真・画

画像や映像を利用する

文字だけの場合と、画像付きとで、
タイムラインの表示面積がこんなに違う！
しっかりとSNSのカルチャーを捉えた上で、
効果的な活用をしよう。

像がある投稿とない投稿とでは、タイムライン上に占める面積が大きく違うことがわかるでしょう。

そのため、投稿時には、写真・画像を加えることは〝必須〟と考えて運営していきましょう。

▼あえて企業名や商品名を含めない

BtoCマーケットの大手企業の場合は、企業名や商品名が通っているため、自社ブランド名でユーザーを集められますが、それ以外の企業の場合、企業名や商品名を前面に出したマーケティングでは、効果を得ることは難いどころか、拡散力が下がります。基本的に自社ブランドが前面に出ると、ユーザーは「売り込まれる」と感じるため、自社ブランドを伏せて、ユーザーが求めるタイトルで届けるという方法も有効です。本章最後の事例ページで詳細をお伝えします。

section
4
著名人とも世界ともつながれる

ツイッターとは

140字以内のつぶやき

ツイッターは、短い文章を投稿し、共有するSNSです。月間のアクティブユーザー数は全世界4億人以上で、日本では約4000万人が利用しているといわれています。

▼ツイッターの歴史

ツイッターは2006年にアメリカで誕生しました。日本法人は2011年に設立され、その後の4年程度で5倍のユーザー数にまで大きく成長させました。調査機関の発表によると、ユーザー属性は、20代が31%と最も多いものの、実は30代以上が48%を占めており、〝若者SNS〟と思われがちですが、ビジネスターゲットも多く存在することがわかります（マクロミル2015年5月「ツイッターを1か月に1回以上利用する人の属性」）。

ツイッターが日本に上陸した頃、投稿をする際、発言ボックスの中に「いまなにしてる?」という問いかけがあったことも手伝って、「○○なう」というう、自分の現状を知らせるためのつぶやき方が流行り、その年の流行語大賞にも選ばれるほどにまでなりました。

▼ツイッターの特徴

①文字数制限

「1回の投稿で140字まで」と文字数が制限されています。そのため、短い言葉で的確に伝えたいことをまとめる必要があります。限られた文字数だからこそできることを考えて、特徴に合わせて活用することが大切です。

長文のつぶやきを投稿したい場合は、投稿順に番号を振るなどし、複数回に分けてつぶやくという使い方をされることもあります。

②圧倒的な拡散力～リツイート×ハッシュタグ

ツイッターには、リツイート（Retweet）という機能があります。リツイートとは、自分がよいと思った他ユーザーのツイートを再投稿し、自分のフォロワーのタイムラインに表示させることです。フェイスブックの〝シェア〟がこれにあたりますが、ツイッタ

ツイッターの基本

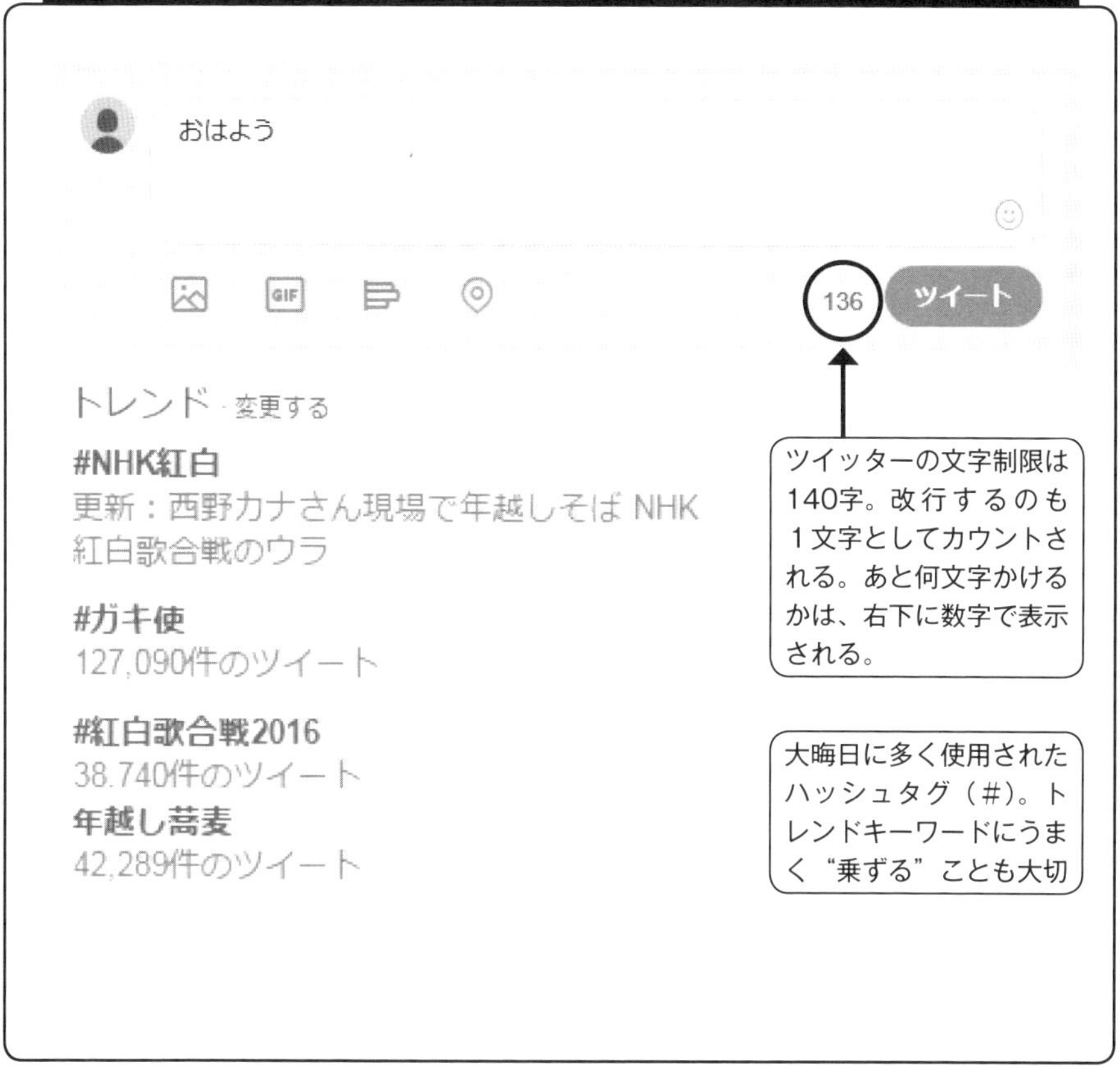
おはよう
136
ツイート
トレンド・変更する
#NHK紅白
更新：西野カナさん現場で年越しそば NHK紅白歌合戦のウラ
#ガキ使
127,090件のツイート
#紅白歌合戦2016
38,740件のツイート
年越し蕎麦
42,289件のツイート
ツイッターの文字制限は140字。改行するのも1文字としてカウントされる。あと何文字かけるかは、右下に数字で表示される。
大晦日に多く使用されたハッシュタグ（#）。トレンドキーワードにうまく“乗ずる”ことも大切

ーの場合は匿名であるため、拡散力が非常に高く、多くの人に情報を届けることが可能になります。その反面、投稿内容によっては〝炎上〟につながるリスクが高く、企業のブランド棄損に繋がりかねないため、慎重に投稿内容を検討する必要があります。

もう1つ、「ハッシュタグ」という特徴的な機能があります。ハッシュタグとは、ツイートにカテゴリをつけて検索しやすくするための機能です。あなたのフォロワーでない人も、同じキーワードに興味・関心を持つ人が、検索し、自社のツイートにリーチすることができます。そのため、ハッシュタグをつけるだけで、ツイートを見つけてもらえる可能性が高くなります。

飲料メーカーや食品メーカーの場合、ハッシュタグを利用したキャンペーン施策を打つことで、自社の認知や拡散を狙うケースが多く見られます。

section 5

フォロワー、リツイートを増やす

ツイッター活用のポイント

―爆発的な拡散力を最大限活かす方法

個人の影響力を使って拡散させる

▼ハッシュタグの戦略的活用

ハッシュタグは、投稿の内容に関連するキーワードを設定することが基本ですが、「自社のつぶやき内容に合わせて」設定する演繹的なアプローチだけでなく、「自社がターゲットとするユーザーが検索、またはタグ付けするキーワード」を設定するという帰納的なアプローチも非常に有効です。

どのようなキーワードがハッシュタグとして用いられているか等を検索するためのツールがあります。「ついっぷるトレンド」(https://tr.twipple.jp/hashtag/)というサイトでは、どんなハッシュタグ(キーワード)が多くつぶやかれているかを調べることができます。

これを利用すれば、自社のツイートにどのようなキーワードをハッシュタグとして設定することが効果的か算段をした上でつぶやくことが可能です。

▼フォロワーを増やすテクニック

フォロワーが増えないことには、いくら良質な投稿をしても、ユーザーの目に触れず、効果を得ることは難しいです。加えて、フォロワーが多くなると「影響力のあるアカウントだ」と、ユーザーに思わせることができます。

フォロワーを増やすためにすぐ取り組めることとしては、①自社の商品やサービスに興味を持ちそうなユーザーを検索し、フォローする、②相互フォロー用のハッシュタグ(#followmejp、#sougo等)を使用するという方法があります。

▼リツイートを増やすテクニック

好意的なリツイートは、他のフォロワーにも伝えたい！　見てもらいたい！　という感情が起源になります。そのため、「面白い」「すごい」「おいしそう」「ためになる」などの感情を引き出すための投稿を逆算して作成することが大切です。誰にどんな感情を抱いてほしいか、そのために限られた140文字の中で何を伝えればいいかを考えて、運用することが大切です。

ツイッターの展開例

Twitterで今盛り上がっている画像やニュースを
ランキング形式で紹介する「ついっぷるトレンド」

https://tr.twipple.jp/hashtag/

※2017年10月31日、「ついっぷるフォト」や「ついっぷるアルバム」等のサービスは終了予定。上記ランキング紹介のついっぷるトレンドはサービス継続予定。

section
6
女性から絶大な支持

インスタグラムとは

写真重視なら必ずインスタグラム

インスタグラム（Instagram）とは、写真を撮影・加工・シェアできる、写真特化型のSNSです。タイムラインに流れてきた写真に、「いいね！」やコメントをしながら、交流を図るものです。スマホアプリが無料でダウンロードできるにもかかわらず、写真を簡単に、〝綺麗〟に、〝お洒落〟に加工できることなどから、世界中で支持されている人気サービスです。

国内の月間アクティブユーザーは2015年12月で1200万人を達成、海外では5億人以上と言われています。

▼インスタグラムの歴史

インスタグラムは、2010年10月にサービスを開始し、2012年4月には、フェイスブックに約10億ドルで買収され、大きな話題を集めました。

本章の冒頭にも記述した通り、「他人にどう思われるか」という承認・称賛を行動や判断の中心に据えた最たるはインスタグラムです。セルフィー（Selfie）をはじめとするスマホを用いた〝自撮り〟のカルチャーの醸成では、インスタグラムが大きな役割を担いました。

▼インスタグラムの特徴

2015年12月開催の「アドテック東京2015」にてフェイスブックが発表したデータによると、日本国内でのインスタグラムユーザーの男女比は、男性35％に対し、女性が65％と多く、年齢層としては、25～34歳が38％、18～24歳が全体の33％と、10代後半～30代前半の女性がメインユーザーであるという特徴を持っています。

インスタグラムは写真で表現する特性上、視覚的に伝わる魅力（かわいい、綺麗、おいしそう、楽しそう）を備えた飲食、アパレル、観光業などについては、非常に活用しやすいのですが、左の例のようにシズル感のある写真を撮ることが、反響を多くするためには大切です。

インスタグラムをはじめとしたSNSにおける写真のよい例、悪い例

×

写真が引きすぎていて、
内容がわかりづらい。
「いいね！」と思う要素が
少ない

○

食材をアップにして
後ろをぼかすなど、
スタイリッシュな撮り方

◎

石のプレートを使う、
食材を持っているシーン等、
複数の写真を活用。
グルメ雑誌にあるような工夫

section 7

ハッシュタグを使いこなそう

インスタグラム活用のポイント

インスタならではのポイントを押さえる

▼ハッシュタグがすべて！

ハッシュタグはツイッター等と同様の機能ですが、インスタグラムでは特に、このハッシュタグを使った投稿が盛んで、カルチャーとして浸透しています。写真と動画どちらの投稿においてもインスタグラムにおいては、ハッシュタグの追加は大変重要です。ユーザー同士が同じハッシュタグによって共通の関心事や状況を共有し、共感し合うための重要な要素なので、写真に添えるテキスト以上に重要度の高いものです。

ツイッターのハッシュタグは、多くてもせいぜい2~3個程度で、それ以上付けると、〝雑音〟に近い印象を与えてしまいますが、インスタグラムは10個、20個と記載しても違和感なく機能します。

ハッシュタグキーワードの選定は、投稿する自社の商品・サービスに関連性が高く、共感を得やすいハッシュタグを付けるように心掛けましょう。例えば「#企業名」「#商品・サービス名」「#キャッチコピー」「#場所」「#ジャンル」などを追加すると機能しやすいです。

訪日外国人の方が、このハッシュタグを手掛かりに、日本でおいしい焼肉屋を探したり、素敵な温泉旅館を探したりするなど、国内だけでなく、海外からインバウンド対応においても非常に大きな効果を発揮してくれます。

▼位置情報の活用

自店で撮影した写真や、イベント会場で撮影した写真には、積極的に位置情報を付けることをオススメします。インスタグラムでは店舗や施設などの「スポット」に関連付けて写真を投稿することで、その投稿を位置情報から検索できるようになり、ユーザーが自社の店舗やイベントを発見できるようになります。スポットの情報から同じスポットの投稿を一覧表示することもでき、投稿が増えてきたら、スポットの投稿の一覧から店舗の特色を知ってもらうこともできます。

Twitter内で検索され、相互フォローしやすくするハッシュタグの活用

#幻のタン#たった３枚で6,000円
#でも、激ウマでむしろ安い！
#炭火焼肉佐久間商店#佐久間商店
#佐久間タン#焼肉#タン塩
#恵比寿#恵比寿焼肉#恵比寿デート#デートオススメ

佐久間商店（仮称）という恵比寿にある牛タン屋さんで食べた場合の一例

ただ、位置情報だけでは土地勘のないユーザーにとってはリーチしづらい情報ですので、キャプション（説明文）やハッシュタグで最寄駅などの場所に関する情報を入れると効果的です。

▼写真品質にこだわる

商品や店舗の写真を撮る際は、なるべく高性能なカメラを使うことをお勧めします。

一眼レフで撮るのが難しい場合は、インスタグラム内の加工機能を活用しましょう。高度な編集しようと思えばいくらでもできますが、簡単なフィルターのみでも印象は大きく変わりますので、まずはそちらからはじめてみてください。「slumbe」「Ludwig」などは自然な加工で人気が高いです。

section 8

情報インフラといえるLINE

LINEとは

ゲームチェンジの大成功例

LINEとは韓国最大のIT企業NHNの日本法人、LINE株式会社が提供しているコミュニケーションアプリケーションです。

▼LINEの歴史

LINEは、NHN Japan社によって、2011年の東日本大震災をきっかけに「災害時にも簡単に連絡が撮り合えるアプリを作ろう」というスローガンの下、コミュニケーションアプリ「LINE」としてリリースされました。サービスのスタートは2011年6月で、サービス開始からわずか1年程度でユーザー数が5000万人に達し、ツイッターの約3年、フェイスブックの約3・6年をはるかに上回るスピードで急成長しました。

現在では、国内ユーザー6800万人を超えただけでなく、月間のアクティブ率（1ヶ月で1回以上サービス利用がある人の比率）が96・6％と他を圧倒する数値をたたき出しており、SNSとしての機能だけでなく、ライフラインに近い存在にまで成長しています（LINE 2016年10月－2017年3月媒体資料より）。

LINEが登場して以降、携帯電話のメールアドレスが使われる機会が激減し、スマホでのやり取りはラインに集約されるようになりました。メールでの連絡は手軽なチャットに変わり、電話料金がかかる携帯電話での通話はLINEの無料通話にとってかわり、携帯電話キャリアサービスからのゲームチェンジを見事に果たしました。

▼LINEの特徴

①開封有無がわかる「既読」サイン

そもそもLINEを用いて顧客とのクローズドなやり取りの際は、PCメールのように堅苦しいあいさつ文も署名も不要のため、顧客側もクイックレスポンスが可能となり、やり取りがスムーズに進みます。それに加えて、送ったメッセージが読まれたかどうかを確認できる「既読」サインのシステムは、大きな特徴です。

最近では、ECサイトの買い物カゴ

ラインはＥメールと電話のゲームチェンジに成功！

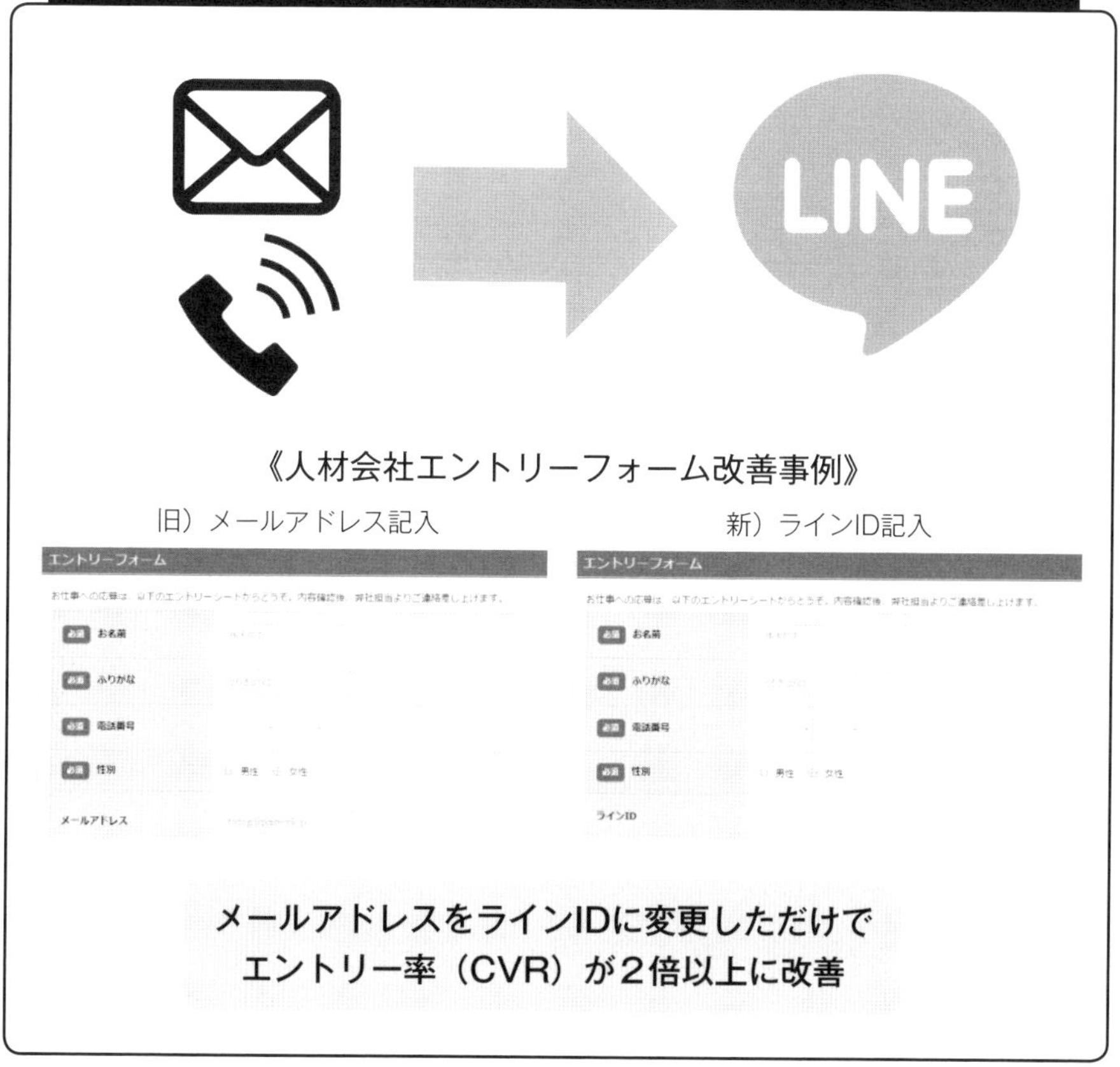

のフォームや人材紹介会社のエントリーフォームなども、以前は携帯のメールアドレスを取得していたところ、最近では、ＬＩＮＥ ＩＤを取得する企業が増えてきました。メール以上に開封率が高く、既読か否かを確認できる点も、ＬＩＮＥの強みです。

②ビジネス用アカウントサービス展開

ＬＩＮＥでは、「公式アカウント」と「ＬＩＮＥ@」というビジネス用アカウントのサービス展開をしています。公式アカウントは利用開始初月から数十万の友だちを獲得できるなどの高い効果が期待できる反面、月額３００万円程度の利用費用がかかるため、利用できる企業が限られます。一方のＬＩＮＥ@は、簡単に言うと、公式アカウントの廉価版で、中小企業向けのサービスと言えます。次頁でＬＩＮＥ@の活用方法についてご紹介します。

section 9 LINEをビジネスに使う

LINEの活用方法

クーポンもチラシもLINEで届く時代

▼メルマガの代替としての活用

LINEをこれまでのメールの代替ツールと考えるならば、企業がLINEを用いてメッセージを送ることは、メールマガジンの代替に当たります。そのため、基本的に抑えるべきポイントはメルマガと同じです。

①ターゲットの明確化（今何を考え、何を求めている、誰に向けたオファーであるか）、②目的の明確化（ターゲットにどのような反応・行動をしてもらいたいか）の2点を設定した上で、「オファー内容がわかりやすいか」「配信頻度は適切か」を考えましょう。

▼LINE@の活用

LINE@では、LINEを通じてクーポンやセール情報、その他顧客向けのメッセージを自由に発信できます。

LINEはフェイスブックやツイッターのように不特定多数のユーザーに情報を発信するのではなく、1対1のコミュニケーションが中心のSNSであるため、自然拡散は期待しにくいです。そのため、LINE@への誘導をオンライン上だけでなく、店頭などのオフライン上でも行なうことが重要となります。たとえばラーメン店なら、カウンターに「友だち登録で味玉無料サービス」と書いた、QRコード付きのPOPを貼っておき、オフラインでも積極的に友だちを獲得していくことが必要です。

同時に、他のSNS以上にユーザーが読みたくなる（開封したくなる）ようにわかりやすいメリットを添えた情報配信を心掛けることが大切です。

配信頻度や配信時間も重要です。ラインは基本的に友達とのやり取りをするツールなので、企業からの頻繁な配信は煩わしく感じられ、ブロックされてしまうおそれがあります。まずは週1回を目安にはじめてください。そして配信時間については、一般的にはお昼休み時間帯や夕方以降が読まれやすく、主婦をターゲットにする場合は、家族を送り出した後の午前中が効果的です。

LINEで配信するプレゼントキャンペーン例

①どんなメリットがあるのか
②何をすればそれが手に入るのか

この2点をオンライン・オフラインで訴求して、
友だち獲得を図る

section
10

大手だけ、都市部だけの話ではない

SNS活用の成功事例

地域密着でも成果の出るSNS

▼超小商圏で1万を超える会員を獲得

中日新聞社の１００％子会社である東京中日企業株式会社というＳＰ会社が運営する「ランチパスポート新橋・虎ノ門」（https://www.facebook.com/lunchpassport.shimbashi/）というフェイスブックページがあります。

ランチパスポート新橋版は、発売当時から毎号1万冊近く売れる大ヒット本でした。新橋・虎ノ門という狭い範囲の中だけで1万冊もの数を販売するのに大きく寄与したのがフェイスブックページです。

ランチパスポート新橋・虎ノ門版で1万２４０５人（２０１7年7月時点）が「いいね！」をしているのです。つまり1回コンテンツを更新すると、約1万２０００人のフェイスブックのタイムラインに配信されるということです。しかも無料で、です。

大手企業のフェイスブックページでも、失敗例では１０００「いいね！」前後しかないケースもあります。大手企業としては数十万以上は必須だったと思うのですが、大手でも失敗するのです。

ランチパスポート新橋・虎ノ門版はメディアでも取り上げられ、お店での告知や本の紙面でのフェイスブックページ告知など、さまざまな取り組みを掛け合わせたことで、自社だけの告知の場を作り上げることに成功したのです。このフェイスブックページが毎日機能したことで、ヒット本としての地位を確立しました。

▼6名の会社が数千の「いいね！」を獲得した理由

三重県津市にあるグリーンストック株式会社という人材会社が運営する「三重情報あるある」（https://www.facebook.com/miecafe.greenstock/）というフェイスブックページがあります。

グリーンストック社は社員数6名と小規模ながら、人口27万人程度の三重県津市の中で、２０００人を超える「いいね！」をたった数ヶ月で獲得しました。グリーンストック社がフェイ

小さな会社がお金をかけずにファンを獲得した例

人口27万人の三重県津市で、社員6名の中小企業が
たった数ヶ月で2,000「いいね！」を達成！

スブックページを運用する目的は、「転職を希望する人材にリーチすること」です。

人材会社がフェイスブックページを作成する場合、「株式会社○○」といった具合に、フェイスブックページ名を企業名にすることがほとんどです。そして、それらの99%はまったく効果を得られていません。一方、グリーンストック社のアプローチは、ターゲットとなるユーザーが喜ぶ情報を発信することを第一義とし、三重の面白情報を発信するフェイスブックページを立ち上げ、時折、自社のWEBサイトに誘導するための投稿などを行なっています。

その結果、短期間で数千もの確度の高いユーザーの「いいね！」を獲得し、フェイスブックページを売上貢献のためのツールとして活用することに成功しました。

第7章

WEB マーケティングの分析項目

▶section

WEBマーケティングの分析の目的は「利益を管理」すること

アクセス数だけで安心しないこと

WEBマーケティングの最終的な目的は、「利益を上げること」です。WEBマーケティングの分析にはいろいろな指標があり、細部に目が行き過ぎて、本来の目的を見失ってしまうということがよくあります。WEBの分析において一番大切なのは「いくら投資して、いくら利益が残ったか」という投資対効果です。投資対効果を測る指標は、ROI(Return On Investment)、ROAS(Return On Advertising Speed)などいくつかありますが、ここでは単純に「売上−かかった費用＝利益」と考えましょう。この投資対効果を商品・サービスごとに測ることから分析ははじまります。

①売上高い×経費が少ない

最も投資すべき商品です。さらなる売上拡大が見込めるのであれば、他の広告コストを削ってでも投資しましょう。

②売上低い×経費が少ない

広告コストをかけることで、売上アップが見込めるのであれば、積極的に投資すべき商品です。

③売上高い×経費が高い

広告効率が低く、無駄な経費を使っている可能性があります。本当に必要な広告なのか、もっと効率のよい方法はないか、広告費削減の観点から分析しましょう。

④売上低い×経費高い

商品サービスの市場成長性などを考え、縮小、撤退を検討しましょう。

▼「利益管理」からはじめよう

WEBマーケティングの分析でまずやるべきは、商品・サービス×マーケティング施策ごとの利益管理です。アクセス数や問い合わせ数などがどれだけ上がっても、利益につながらなければ意味がありません。まずは商品・サービスごとの広告コストと利益を整理して、一覧で見られるようにするところからはじめてみてください。

そして粘り強く改善を繰り返してください。1ヶ月や2ヶ月で打ち手を弱めたりせず、実施しては検証し、改善する。このサイクルが必ず必要です。

利益管理するためのカテゴリー分類

【コスト削減カテゴリ】
広告媒体の絞込みなど広告予算の削減を検討すべき商品カテゴリ
【積極的投資カテゴリ】
売上シェアをあげるために、積極的に投資すべき商品カテゴリ
売上高
女性向け美容アイテム
女性向けダイエット商品
DIET
経費安
経費高
女性向け化粧品
男性向け化粧品
MEN
売上低
【撤退検討カテゴリ】
市場の成長性を考えた上で、撤退縮小を考えるべき商品カテゴリ
【マーケット拡大カテゴリ】
効率はいいものの、売上が低いので、積極的に投資して、マーケットを拡大していく商品カテゴリ

複雑な集客施策をスッキリ整理する　section 2

集客施策はターゲットによって使い分ける

「潜在ニーズ／顕在ニーズ」「今すぐ／そのうち」で切り分ける

WEBマーケティングにはさまざまな集客施策があります。まずは集客施策ごとに、どのくらい費用がかかっていて、その結果どれだけ利益が残ったかという利益管理をしていきましょう。

一般的なWEBサイトの場合、①自然検索、②リスティング広告、③リファラー（サイトに行き着く前の流入元）、④ディスプレイ広告、⑤メールの5つが主な集客ルートになります。

それぞれの施策ごとに、さらにさまざまな広告の種類があり、WEBマーケティングには「広告の種類が多すぎてどれを使ったらいいかわからない」という難しさがあります。

ターゲットや商品によって使い分ける必要があります。まずはそれぞれの施策がどのようなときに有効か「転職」を例にみていきましょう。

▼顕在ニーズ×今すぐ客

「今すぐ何かを買いたい、サービスを受けたい」と思っている人は、まず検索をします。検索エンジンを活用したキーワードマーケティングが最も効果的です。

▼潜在ニーズ×今すぐ客

潜在ニーズを持っている人は、検索はしません。ディスプレイ広告やメールマガジンなどの施策が有効です。

▼顕在ニーズ×そのうち客

買うなどの行動をすぐに起こさない人は、リサーチをしています。行動を起こすまでには時間がかかりますので、メルマガやリマーケティングなどの広告を利用して、ユーザーとの接点を取り続けることが大切です。

▼潜在ニーズ×そのうち客

マーケティングとしては、最も難易度の高い施策になるのでターゲットにしないほうがいいでしょう。

左図を参考に、皆さんがやっている集客施策が、各広告の特徴を踏まえた上で、効果的に活用できているか確認してみてください。

転職サイトでの展開例

コンテンツマーケティング、ロングテールSEOが有効

リスティング広告、SEO対策、リマーケティングなどが有効

顕在ニーズ

【ターゲットのニーズ】
今すぐ転職するつもりはないが、現在の職場にずっといるつもりもない。転職したらどうなるかなどの情報がほしい

【訴求ポイント】
転職に関する情報量

【ターゲットのニーズ】
今の職場に不満があり、いますぐに転職したい。

【訴求ポイント】
転職までのスピードと求人の案件量

今すぐ客

そのうち客

転職する可能性が低いのでターゲットとしない

【ターゲットのニーズ】
今のところ転職の意志はないが、よい条件の職があれば転職も検討したい

【訴求ポイント】
良い条件の求人情報

潜在ニーズ

広告費をかけないことが大切

ディスプレイ広告、フィード広告、メルマガなどが有効

アクセス解析の基本項目

まず、基本中の基本を覚える

ＷＥＢ分析をするにあたって、最終的な利益を残すまでの先行指標を解説しておきます。英語やカタカナが多く、敬遠されがちですが、基本的な考え方を理解しておけば難しくありません。

▼分析に必要な基本用語

インプレッション：広告が表示された回数。

ＣＰＭ（Cost Per Mille）：１０００回表示あたりの広告コスト。

ＣＴＲ（Click Through Rate）：広告が表示された際に、クリックされる割合を示す。クリック率ともいわれる。

ＣＰＣ（Cost Per Click）：１回のクリックあたりの広告コスト。

ＣＰＬ（Cost Per Lead）：見込み客（リード）を１人獲得するのにかかるコスト。

コンバージョン：ＷＥＢサイト上で獲得できる最終的な成果のこと。成果は各サイトによって異なり、ＥＣサイトであれば商品購入、サービス業であれば問い合わせや予約、情報サイトであれば会員登録など。

ＣＰＡ（Cost per Action）：コンバージョンを１件獲得するのにかかるコスト。

ＣＰＯ（Cost Per Order）：注文を１件獲得するのにかかるコスト。

ＣＶＲ（Conversion Rate）：ＷＥＢサイトに訪れたユーザーがコンバージョンにいたる割合。

これらは、ＷＥＢマーケティングの施策が最終的により多くの利益を残すための先行指標です。

それぞれの指標の基準値は業界や商品、サービスによって異なりますが、社内で目標値と基準値を持っておくことが大切です。

左図の通り、すべての指標はつながっているので、どれか１つでも数値が悪いと、結果は出ません。

アクセス解析の基本ステップ

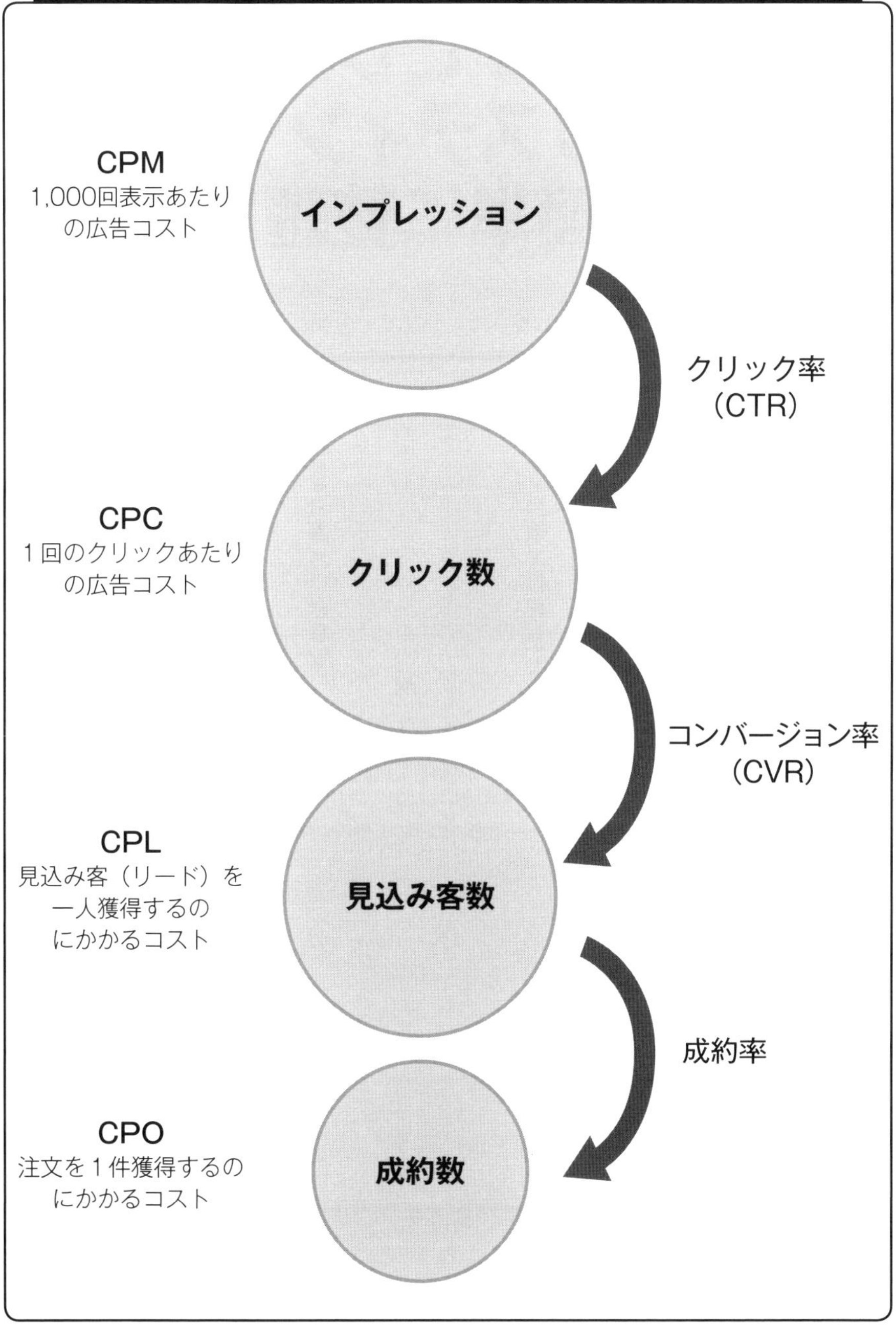
CPM
1,000回表示あたり
の広告コスト
インプレッション
クリック率
(CTR)
CPC
1回のクリックあたり
の広告コスト
クリック数
コンバージョン率
(CVR)
CPL
見込み客（リード）を
一人獲得するの
にかかるコスト
見込み客数
成約率
CPO
注文を1件獲得するの
にかかるコスト
成約数

section 4

リスティング広告は「キーワード選定」がすべて！

ややこしいリスティング広告を簡単に整理する

自社のキーワードがどの分類に入るかを把握する

集客施策の中で、最も簡単にはじめられるのが、リスティング広告でしょう。

リスティング広告で最も大切なことは「キーワードの選定」です。リスティング広告では、このキーワードごとの利益管理が重要になってきます。

リスティング広告の効率を上げるには、CVRを上げるか、CPCを下げるかの2つです。CVRが高く、CPCが低いキーワードが最も効率の良いキーワードといえます。

▼CVR高×CPC安

最も効率のよいキーワードです。他のキーワードのへの出稿をストップしてそのキーワードの予算を上げましょう。

▼CVR低×CPC安

CVRが低い場合には、WEBサイトの修正が必要です。CPCは安いので、改善次第では、効率のよいキーワードになります。

▼CVR高×CPC高

CVRの高いキーワードは、競合他社も入札してくるので、CPCは高くなりがちです。CPCを下げると、掲載順位が下がるので、クリック数が減ります。

CPCを下げるときのポイントは、できるだけクリック数を減少させないことです。そのためには、品質インデックス（品質スコア）を上げる必要があります。

品質インデックスは複数の要素によって決定されますが、下記の3点に注目して分析してみましょう。

入札しているキーワードと広告文がマッチしているか？

広告文がお客様にとって魅力的な内容になっているか？

ランディングページと広告の内容が一致しているか？

▼CVR低×CPC高い

最も効率の悪いキーワードです。入札をやめたほうがいいでしょう。

リスティング広告分析の４象限

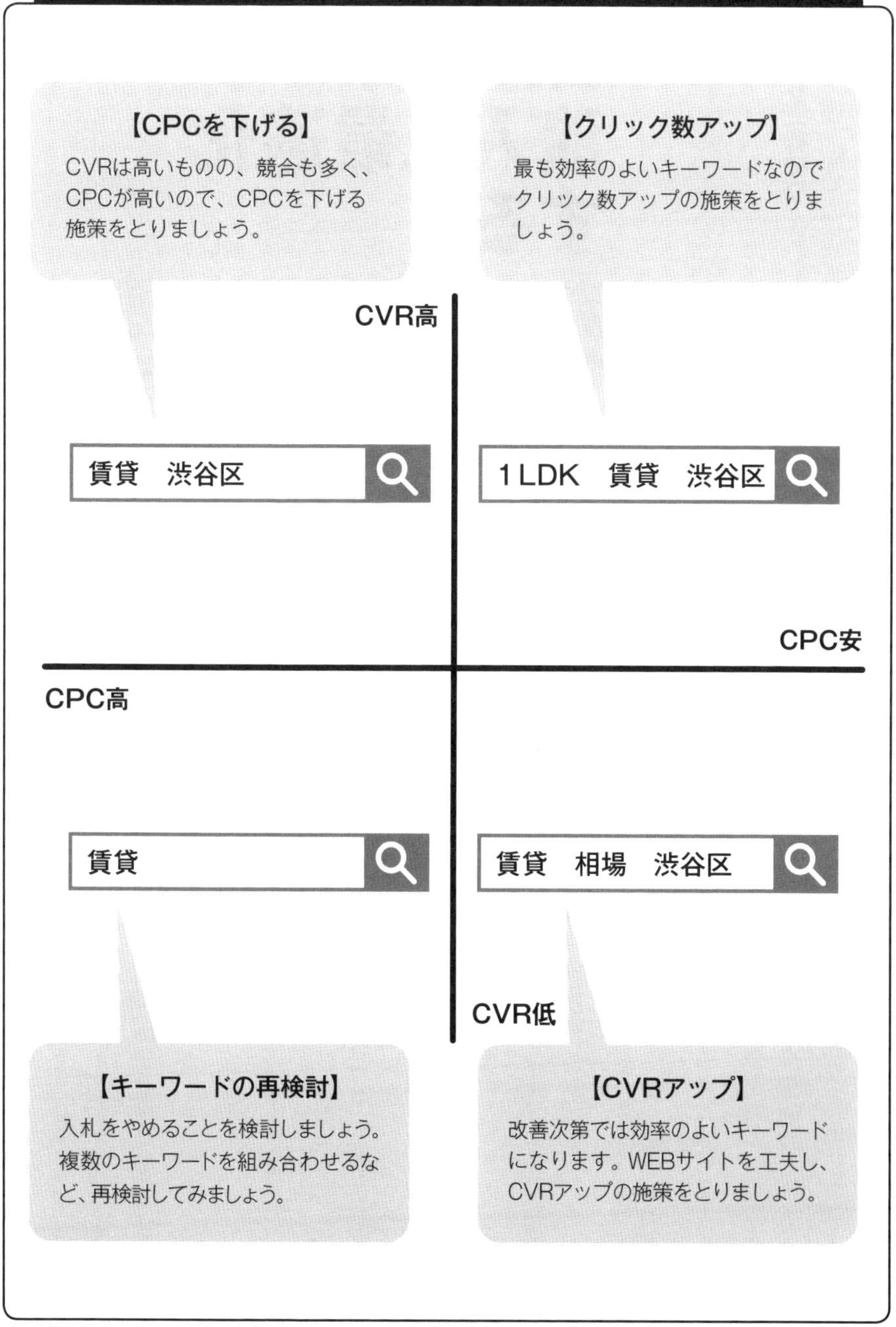

【CPCを下げる】
CVRは高いものの、競合も多く、CPCが高いので、CPCを下げる施策をとりましょう。
【クリック数アップ】
最も効率のよいキーワードなのでクリック数アップの施策をとりましょう。
CVR高
賃貸　渋谷区
1LDK　賃貸　渋谷区
CPC安
CPC高
賃貸
賃貸　相場　渋谷区
CVR低
【キーワードの再検討】
入札をやめることを検討しましょう。複数のキーワードを組み合わせるなど、再検討してみましょう。
【CVRアップ】
改善次第では効率のよいキーワードになります。WEBサイトを工夫し、CVRアップの施策をとりましょう。

SEO対策もキーワード選定がすべて！

section 5

自然検索からの流入を最適化する

理想は広告を配信せずに自社サイトがアクセスされること

キーワードは大きく分けて3種類あります。

▼DOクエリ（行動ワード）

「買いたい」「見たい」「遊びたい」など、何かの行動を前提としたキーワードです。行動を前提としているので当然、CVRも高くなります。

▼Knowクエリ（リサーチワード）

何か行動を起こすためではなく、調べるために検索している人です。たとえば、「○○とは？」「生命保険　口コミ」などです。すぐに行動を起こそうとしてはいないので、CVRは低くなりますが、見込み客にはなります。

▼Goクエリ（指名ワード）

自社の社名や商品名での検索のことです。たとえば、「船井総研」「船井総研　セミナー」などです。知名度が高く、ブランド力のある企業の場合には、指名検索での流入が増えます。

▼ターゲットキーワードの順位とCVRを分析しよう

競合性（SEO難易度）、CVR、検索ボリュームの3つ視点からキーワードを選定しましょう。Doクエリで検索ボリュームが大きいキーワードは当然、競合他社もターゲットにしてきますので、難易度は高くなります。

一方で、Knowクエリは競合が少なくSEOの難易度としては低い場合が多いのですが、コンバージョンさせるのが難しくなります。

CVRの高いキーワードで上位表示が実現できているか？

CVRの低いキーワードの場合には、最終的に利益につながるような仕組みや仕掛けができているかを分析する必要があります。

ブランド力を上げ、指名検索を増やせているか？

CVRの高いキーワードで上位表示できているか？

CVRの低いKnowクエリを見込み客化し、最終的にコンバージョンにつなげられているか？

以上の3点から分析しましょう。

検索キーワードの分類

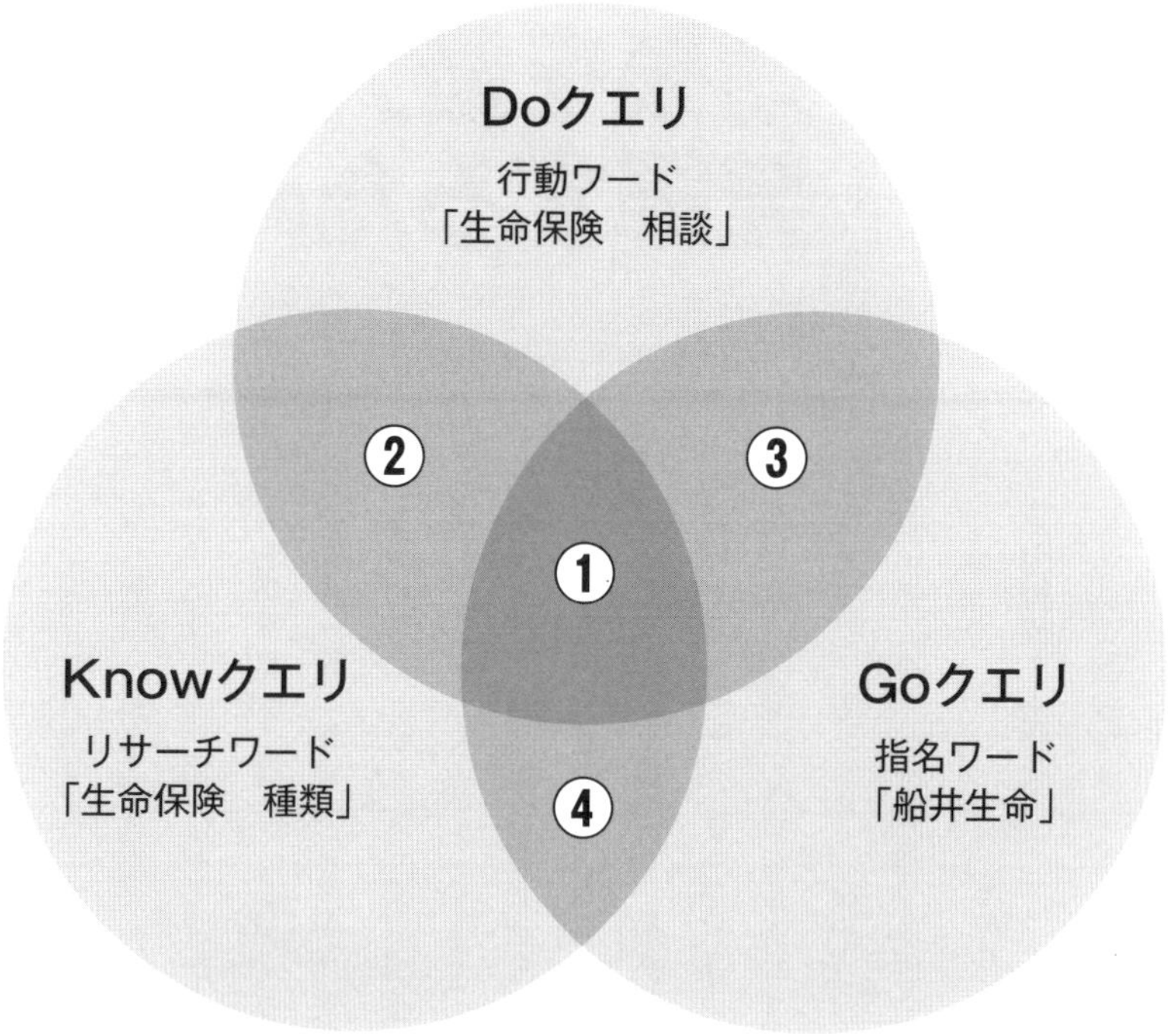

① Doクエリ×Knowクエリ×Goクエリ
船井生命　加入時の注意点

② Doクエリ　×　Knowクエリ
生命保険　加入　口コミ

③ Doクエリ　×　Goクエリ
船井生命に加入するには

④ Goクエリ　×　Knowクエリ
船井生命　口コミ

ただ送るだけのメルマガには意味がない

section 6

メルマガの効果を最大限発揮するために

メルマガも数字検証が大切！

メールマガジンを集客の柱にしている企業も多いでしょう。メールマガジンからの反響を分析するには左図のような数字を押さえることが大切です。テストを繰り返して、反響率を上げていきましょう。

▼反響率を上げるためのテスト方法

たとえば、あなたの送っているメールマガジンが１万通あったとします。１度に１万通を送るのではなく、３回に分けて配信します。左図のように２種類のタイトル、コンテンツを用意します。１回目の配信では１５００件の名簿に対してＡのパターンで送ります。次に同じく１５００通をＢのパターンで配信します。ＡとＢを比べ、開封率や遷移率を分析し、最終的には反響率が高かったパターンに残りの７０００件の名簿に配信します。３回に分けて配信することで、毎回ＡＢテストの結果に基づいて配信することが可能です。

▼開封率を上げる

開封率はタイトルによって変わります。タイトルは30文字くらいまで表示されますが、最初の１フレーズで決まります。時流のネタ、具体的な数字、わかりやすさなど、タイトルを工夫してクリック率を上げましょう。

▼ＷＥＢサイトへの遷移率を上げる

ＷＥＢサイトへの遷移率を上げるには、まずメルマガ上部に遷移させたいページへのリンクを貼りましょう。リンクもただ貼るだけではなく、思わず押してしまいたくなるような工夫が必要です。リンク先で得られるメリットを具体的にすることでクリック率が向上します。

実際の例をみてみましょう。クリック率が低かった訴求文章「船井総研の即時業績アップ調査」はこちら▽」。クリック率が高かった訴求文章「〈通販・小売業必見〉月商２９０万円から１ヶ月で６４０万円へ！「船井総研の即時業績アップ調査」今なら「調査資料サンプル」無料進呈中！」

メルマガの反響ステップ

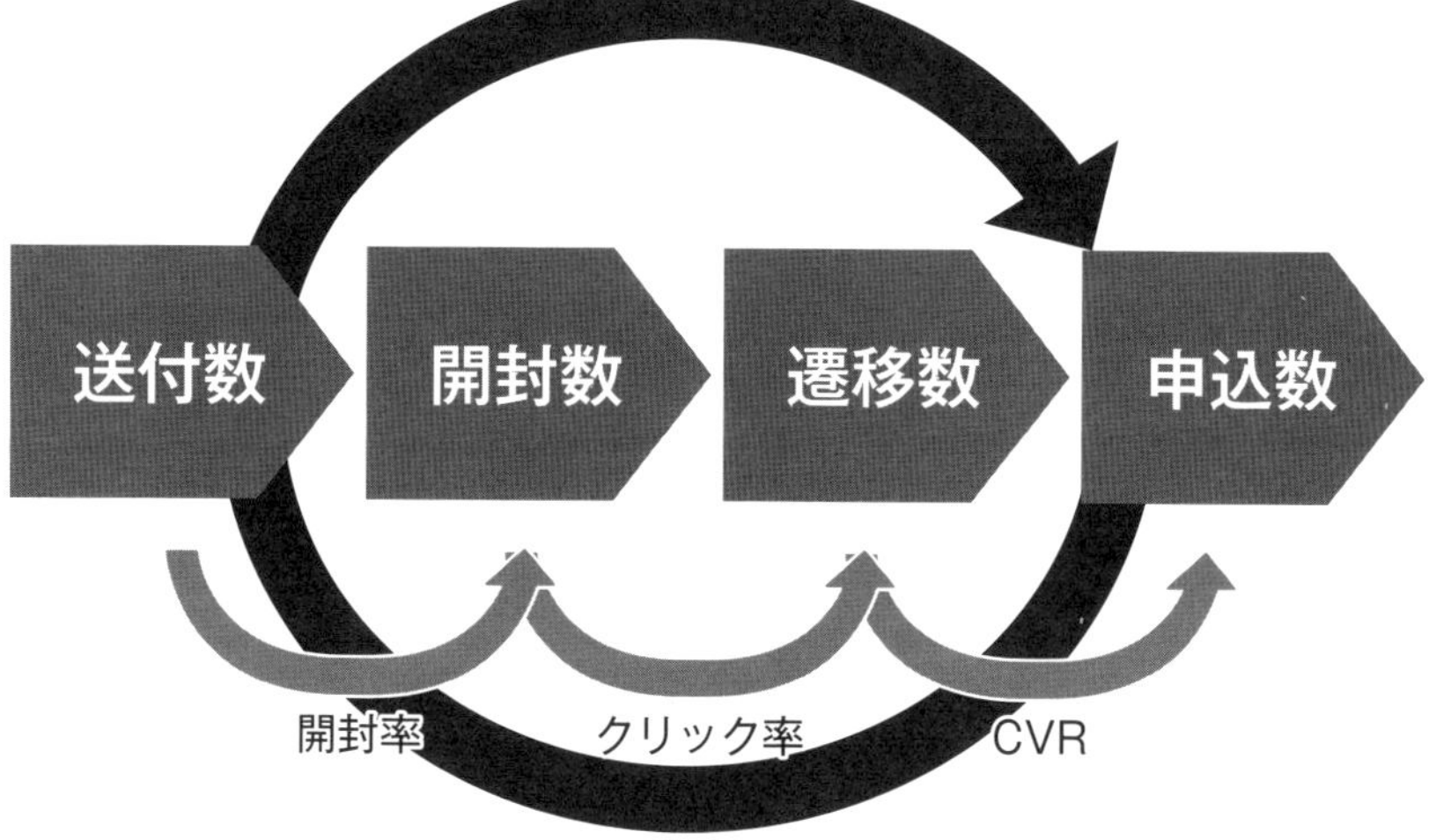

	ABテスト配信					全体配信		合計	
	A：忙しい中でも業績を飛躍させる経営者の「勉強術」３つの共通点FUNAIメンバーズメールマガジン2015年09月08日号		B：忙しい中でも業績を飛躍させる経営者のための勉強会【秋の無料参加キャンペーン】FUNAIメンバーズメールマガジン2015年09月08日号			忙しい中でも業績を飛躍させる経営者の「勉強術」３つの共通点　FUNAIメンバーズメールマガジン2015年09月09日号			
	訪問数	割合	訪問数	割合	差分	訪問数	割合	訪問数	割合
配信数	7,459		7,427			59,657		74,543	
開封	1,319	17.7%	1,344	18.1%	−2.3%	10,440	17.5%	13,103	17.6%
クリック	82	6.2%	69	5.1%	21.1%	617	5.9%	768	5.9%
CV	5	6.1%	7	10.1%	−39.9%	62	10.05%	74	9.64%
平均CV価値	¥43,200		¥43,200		¥0	¥43,200		¥43,200	
合計	¥216,000		¥302,400		¥−86,400	¥2,678,400		¥3,196,800	
１配信あたり売上	¥28.96		¥40.72		¥−11.76	¥44.90		¥42.89	

WIN！

難しい指標はたくさんあるが見るべきポイントは限られている

section 7

サイト内の分析をしてみよう①

自社の現状を知る第一歩

ユーザーのWEB上での行動を考えると、検索エンジンなどを通じてWEBサイトのいずれかのページにアクセスします（入り口ページ）。そのページの情報が自分のニーズと合っていれば、サイト内のいくつかのコンテンツを見ます。そして、商品サービスに興味を持つと、エントリーフォームへと進みます。最後まで入力が完了すれば、申し込み完了です。図にすると左記のようになります。それぞれの段階で分析していきます。

▼入り口ページ（閲覧開始ページ）

WEBサイトにはたくさんのページがあります。どのページから分析するのが効果的でしょうか?

CVR高×アクセス数多

あなたのWEBサイトの主力となるページです。さらにアクセス数を上げられないか、CVRを上げられないか検討しましょう。

CVR高×アクセス数少

このページのアクセス数を伸ばすことができれば、大幅なコンバージョン数のアップが見込めるかもしれません。どのようなニーズのお客様がアクセスしてくれているかを分析し、アクセス数アップを検討しましょう

CVR低×アクセス数多

アクセスは多いのにコンバージョンに至っていないので、もったいないページといえます。ただ、こういったページはサイト内の問題よりも、集客段階でそもそもコンバージョンにつながりにくいユーザー（たとえばKNOWクエリで検索しているユーザー）が流入しているケースが多いです。見込み客であることは間違いないので、そもそものコンバージョンを変えたほうがよいかもしれません。

▼直帰率を下げる

入り口ページを改善するには、まずは直帰率をみましょう。直帰率が高いということは、ユーザーのニーズとページのコンテンツが合っていないということです。

サイト内のステップを整理

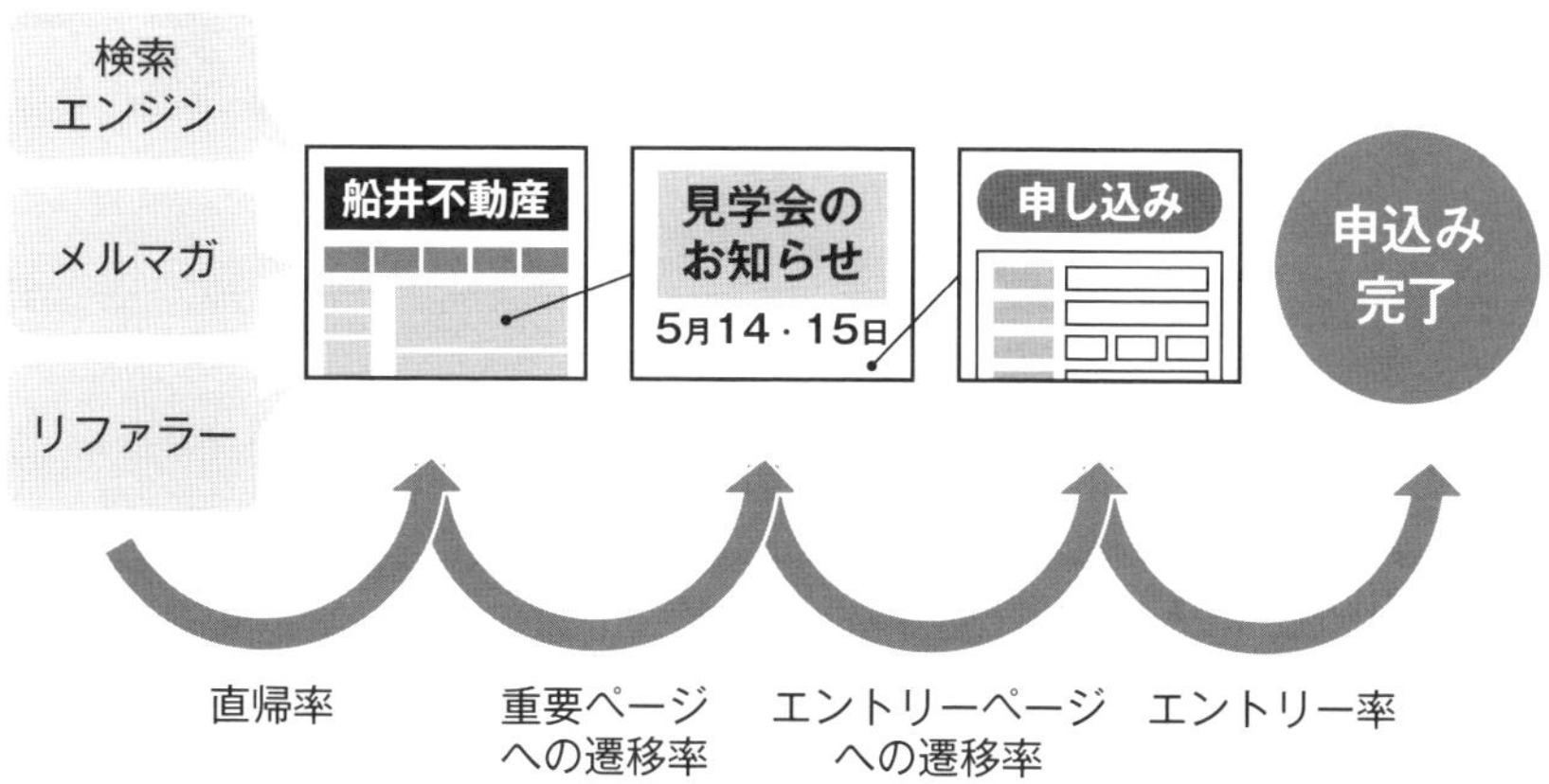

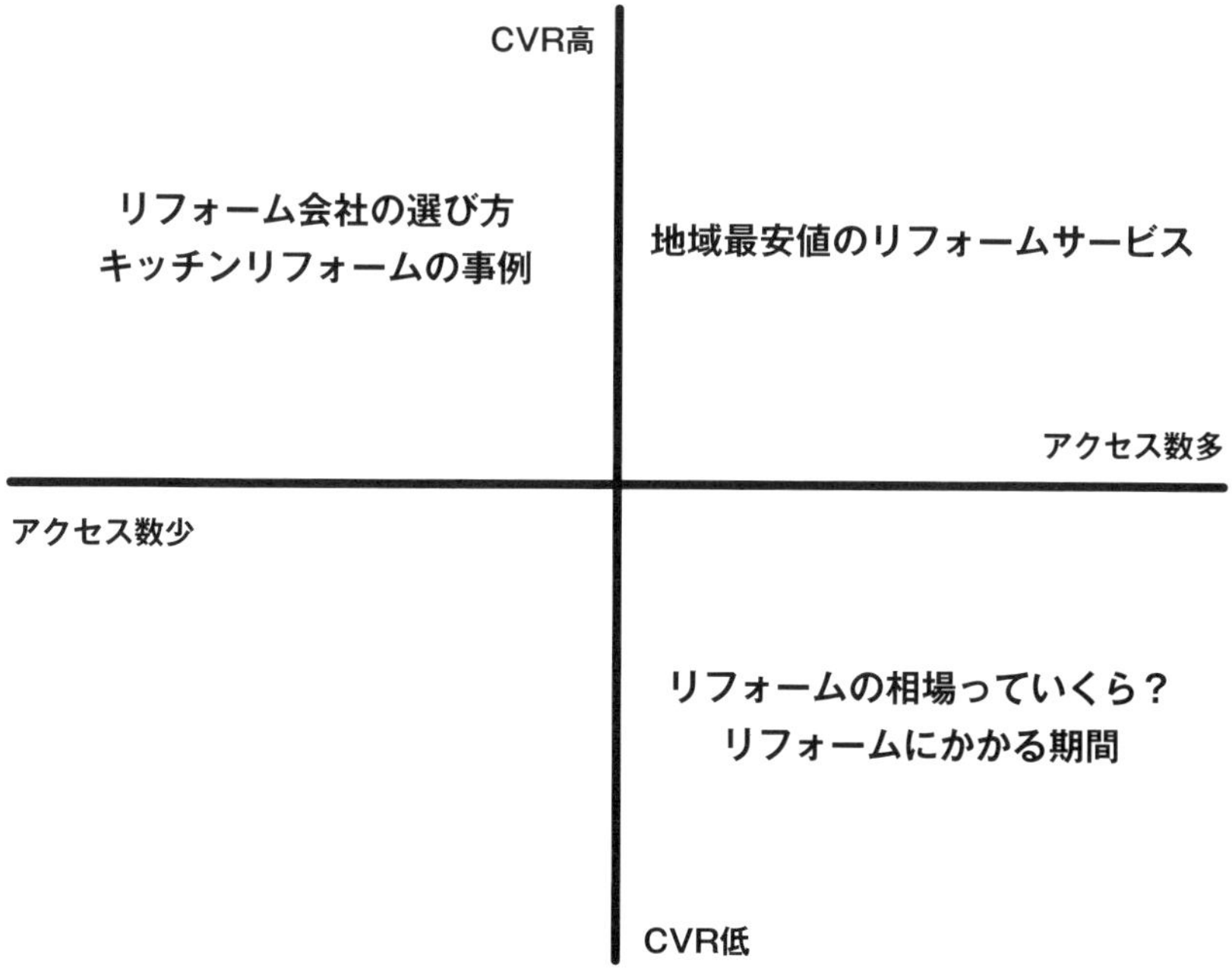

サイト内の分析をしてみよう②

入力項目をシンプルにすることを心がける

▼サイト内コンテンツの分析

サイト内コンテンツを分析するときには2つの視点が必要です。商品力やサービス力の問題なのか？ サイトの問題なのか？ という視点です。見るべき指標は、①入り口ページからの重要コンテンツへの遷移率と、②重要ページからエントリーページへの遷移率です。ここでいう重要ページとは、ユーザーがあなたのWEBサイトで購入するかどうかを判断するのに必要な情報が書かれているページのことです。たとえば、料金表や店舗へのアクセスページなどがそれにあたります。

入り口ページからの遷移率が悪い場合には、WEBサイトの作りに問題があります。ユーザーがアクセスしやすいようにリンクが設置されているか確認しましょう。重要ページからエントリーページへの遷移率が悪い場合には、商品力の問題である可能性が高いです。競合の商品に負けているかもしれません。もう一度、商品力やサービス力を見直しましょう。

▼エントリーフォームの最適化

エントリーページまで来てくれたユーザーが必要項目を記入し、申し込んでくれてはじめてコンバージョンになります。エントリーページで離脱してしまうユーザーも多いので、エントリーページが最適化されているか確認しましょう。エントリーページのポイントは、①できるだけ入力項目を減らす、②ユーザーに負担をかけないことです。

入力項目を減らす

通販は別ですが多くのサービスでは最初の段階で住所は本当に必要でしょうか？ メールアドレスの確認欄、住所の建物名、FAX番号などは不要なケースが多いものです。最初の申し込みで本当に必要な情報だけに絞りましょう。

ユーザーに負担をかけない

郵便番号を入力したら住所は自動入力になる、半角全角を指定しない、などの工夫で、エントリー率は上がります。

エントリーフォームの例

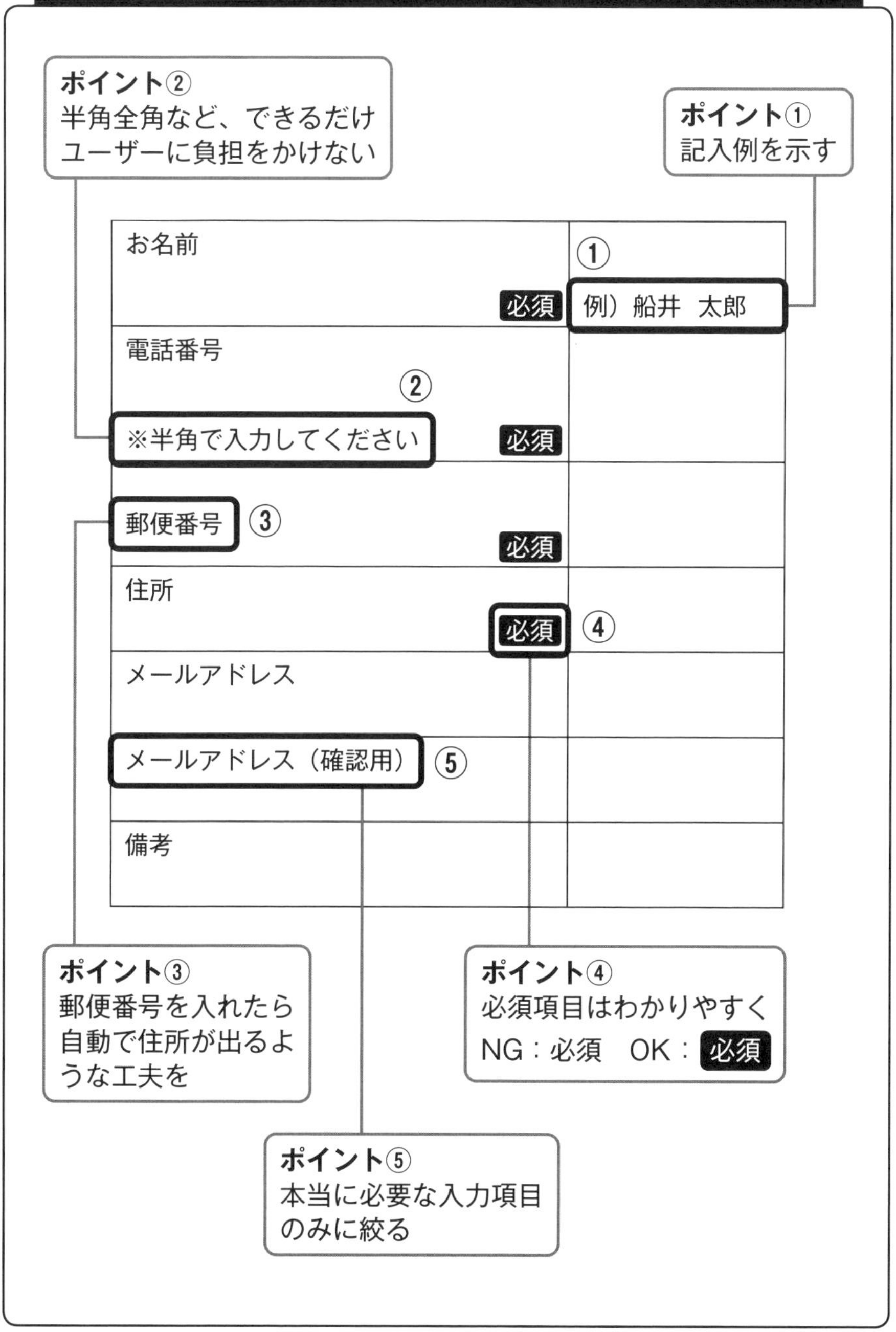

ポイント②
半角全角など、できるだけユーザーに負担をかけない
ポイント①
記入例を示す
お名前
①
必須
例）船井　太郎
電話番号
②
※半角で入力してください
必須
郵便番号
③
必須
住所
必須
④
メールアドレス
メールアドレス（確認用）
⑤
備考
ポイント③
郵便番号を入れたら自動で住所が出るような工夫を
ポイント④
必須項目はわかりやすく
NG：必須　OK：必須
ポイント⑤
本当に必要な入力項目のみに絞る

課題に対する次のアクションプランの決め方

検証を繰り返して精度を高める

▼マーケティングはテストの繰り返し

ＷＥＢサイトの改善案は数限りなく出てきます。「色を変えたほうがいい？」「デザインが悪いのでは？」「コンテンツはこれで十分なのか？」などいろいろな意見やアイデアが出てくるでしょう。こういった意見に間違いはありません。どれも改善につながる可能性があります。本書でご紹介している通り、ＷＥＢマーケティングには成功させるためのポイントがありますが、実際のところは「やってみないとわからない」ことが多いのです。ですから、いろいろとテストしてみましょう。大切なのはテストをして、どちらが効果的であったか、検証できるようにしておくことです。

改善案はたくさん出てきますが、それをすべて実行することはほぼ不可能です。優先順位をつけて、順番に実行していきましょう。

▼優先順位のつけ方

優先順位のつけ方のポイントは、効果とコストです。ＷＥＢサイトを改善するには、「外部の会社に依頼しなければならないもの」「社内のリソースをたくさん使わなければならないもの」「社内システムと連動させるために他部門と連携をとらなければならないもの」など、さまざまなコストがかかります。

効果高×コスト安

リスティング広告の改善、ＳＥＯ対策の見直し、エントリーフォームの最適化などがこれにあたります。

効果低×コスト安

各ページのＣＶＲを上げるためのＡＢテスト、ＷＥＢサイトの部分的な改修などがこれにあたります。

効果高×コスト高

レコメンド機能などのシステム導入、コンテンツマーケティングの導入など新たな施策を打つ場合にはコストが高くなる傾向にあります。

優先順位をつけてＴＯＤＯリストを作成し、必ず、施策の結果と効果が数字でわかるようにしておきましょう。

優先順位の分類とその対策

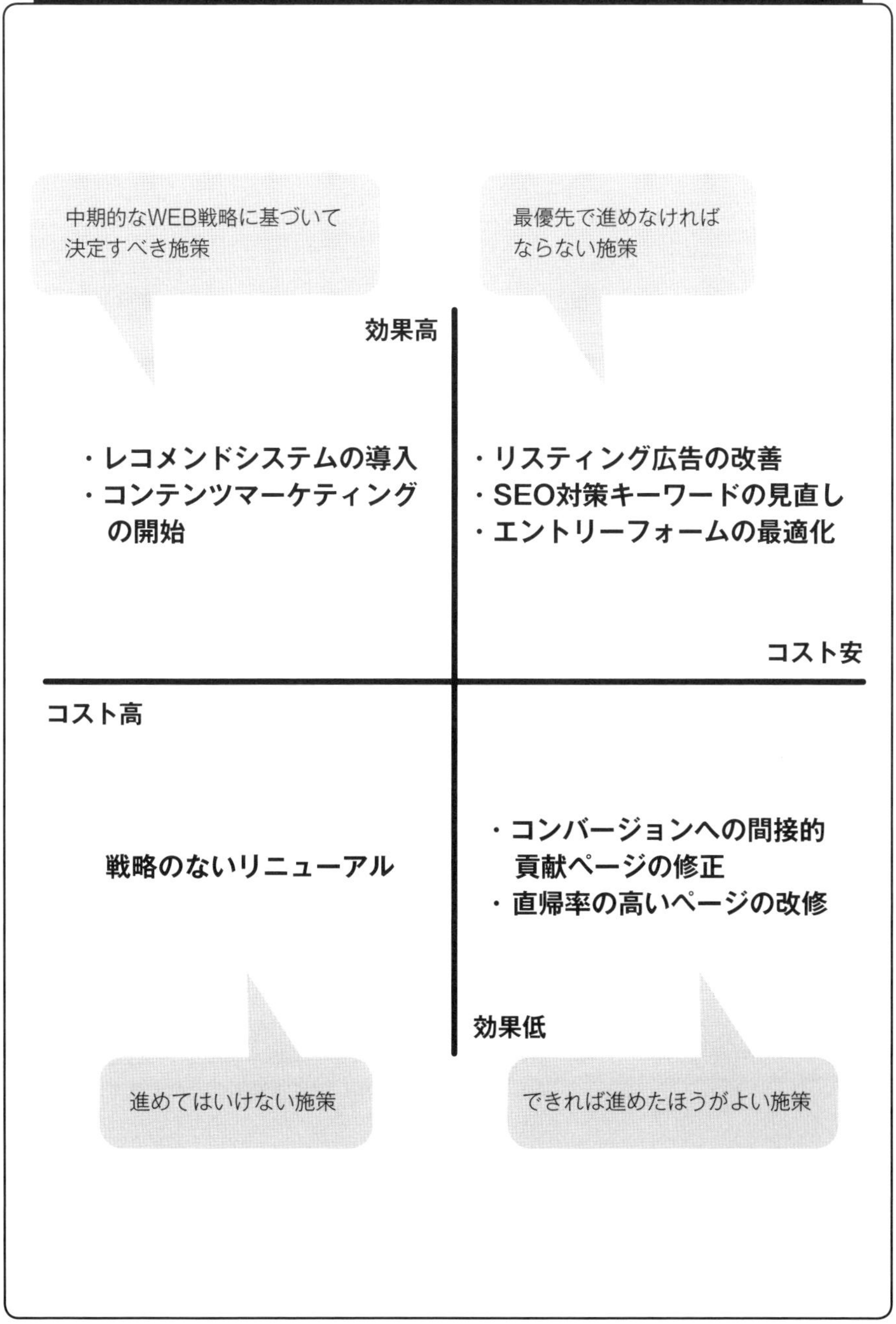
中期的なWEB戦略に基づいて
決定すべき施策
最優先で進めなければ
ならない施策
効果高
・レコメンドシステムの導入
・コンテンツマーケティング
の開始
・リスティング広告の改善
・SEO対策キーワードの見直し
・エントリーフォームの最適化
コスト安
コスト高
戦略のないリニューアル
・コンバージョンへの間接的
貢献ページの修正
・直帰率の高いページの改修
効果低
進めてはいけない施策
できれば進めたほうがよい施策

第8章

グレートカンパニーになるためのWEBブランディング

▶section

section 1

注目されているWEBブランディング

WEB上のブランディングにおけるよくある課題

商品の羅列だけで、自社の個性や強みが表現できていない

WEBにおけるブランディングに関して多く聞く課題は「うちのこだわりや個性がサイトでまったく表現できていない」ということです。

商品の写真はきれいに並べられているのだけれど、その商品のどこにどのようなこだわりを持たせたのか、会社としてどのような理念や想いでその事業に臨んでいるのかが表現できていないという声は後を絶ちません。

これは悪いことではなく、その必要性に気づいている時点で優秀であると捉えましょう。

▼自社のこだわり・自社の個性とは？

自社のこだわりや個性がWEB上で表現できていないと気づいても、そのこだわりが具体的には何なのかがわかっていないと、表現のしようがありません。また、そのこだわりや個性の抽出に漏れがあっては、後からWEBサイトの修正を繰り返すことになってしまいます。

そのような状況を避けるためには、会長や社長をはじめ、社内の主要人物の声をしっかりと聞き、情報の棚卸しをすることです。この棚卸しが中途半端なまま、WEB制作を進めると、結局後悔します。必ず最初に自社のこだわりや個性が何なのかを漏れなく抽出する工程を組むようにしましょう。

▼「競合が気にならない」がいい状態

「競合がこうやっているからうちもこうしていこう」とか、「相手がこう出てきたからうちも対策を取らないと」という声はビジネスの現場では常に耳にするものです。

しかしブランディングにおいては、競合が気にならなくなるくらい自社のこだわりや個性を貫くことを徹底しましょう。

ブランディングの本質的な答えは相手にあるのではなく、自社の中にあります。なぜ自社がその事業に取り組むのか、その事業にはどのような意義があるのか、ここを徹底的に明確にしていくことを大切にしていきましょう。

WEBブランディングのポジショニング

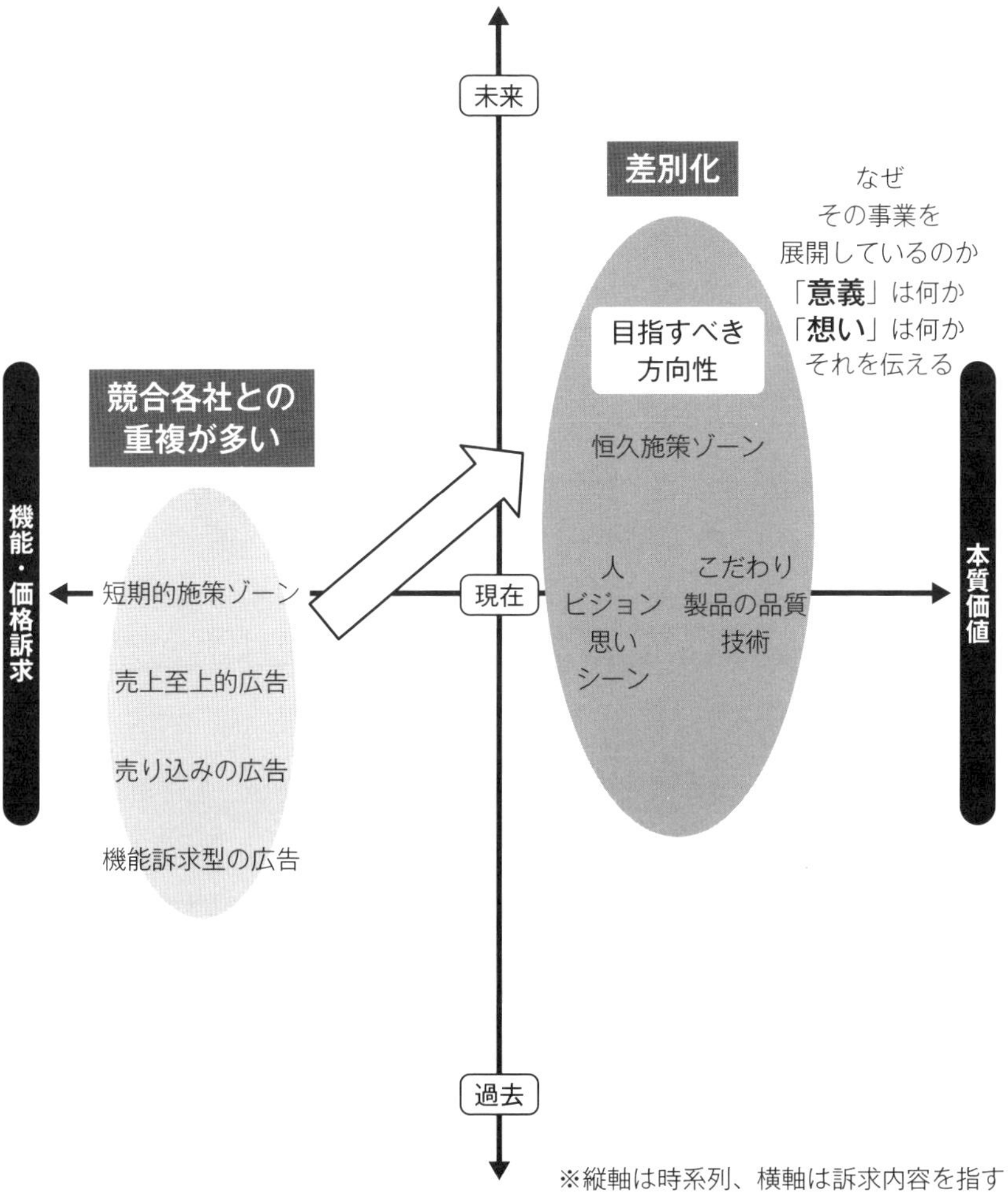

機能訴求や短期的な売上を追うことばかりに終始していないか
WEBサイトにおいて売り込み色の強い商品の羅列になっていないか

section 2

部分的にではなく、全体最適のブランディングを

WEBで行なう3つのブランディング

企業風土ブランディング・商品ブランディング・採用ブランディング

WEBサイトにおけるブランディングには大きく3つの分類があることをまず覚えておきましょう。それは、企業風土ブランディング（コーポレートブランディング）と商品ブランディング（プロダクトブランディング）と採用ブランディング（リクルートブランディング）です。

企業風土ブランディングは文字通り、自社の文化や個性、自社ならではの仕組みや行事をサイト上でも表現することです。

商品ブランディングは単に商品ラインナップを羅列することではなく、なぜその商品を世の中に提供したいのかという事業意義やその商品に対するこだわりはどこにあるのか、そのこだわりを形にするためにどのようなプロセスを踏んでいるのかをWEB上で顕在化させることです。

採用ブランディングは、新卒採用、中途採用において、求めるスキルや待遇面を表記するだけではなく、どのようなスタンスを重視するか、どのような人柄の社員が多いかという人間性の部分に焦点を当てた表現をすることが大切になります。

▼サイトの構成も3つに分類する

企業・商品・採用という3つのブランディングの分類を整理できたら、それをWEBサイトに落とし込まなくてはいけません。どうすればうまく落とし込めるかというと、答えはシンプルです。WEBサイトの構成も同じように、企業風土ブランディング、商品ブランディング、採用ブランディングと分けることです。ただ会社のコンセプトを説明したページがあるというレベルではなく、サイト内に大きな柱を3つ作り、それぞれでコンテンツを作る必要があります。

映像を用いることも必須です。他社サイトでも見かけるようなフォーマットや文字、写真の羅列にするのではなく、自社らしく、自社の個性をふんだんにサイトに盛り込むようにしていきましょう。

ブランディングのステップ

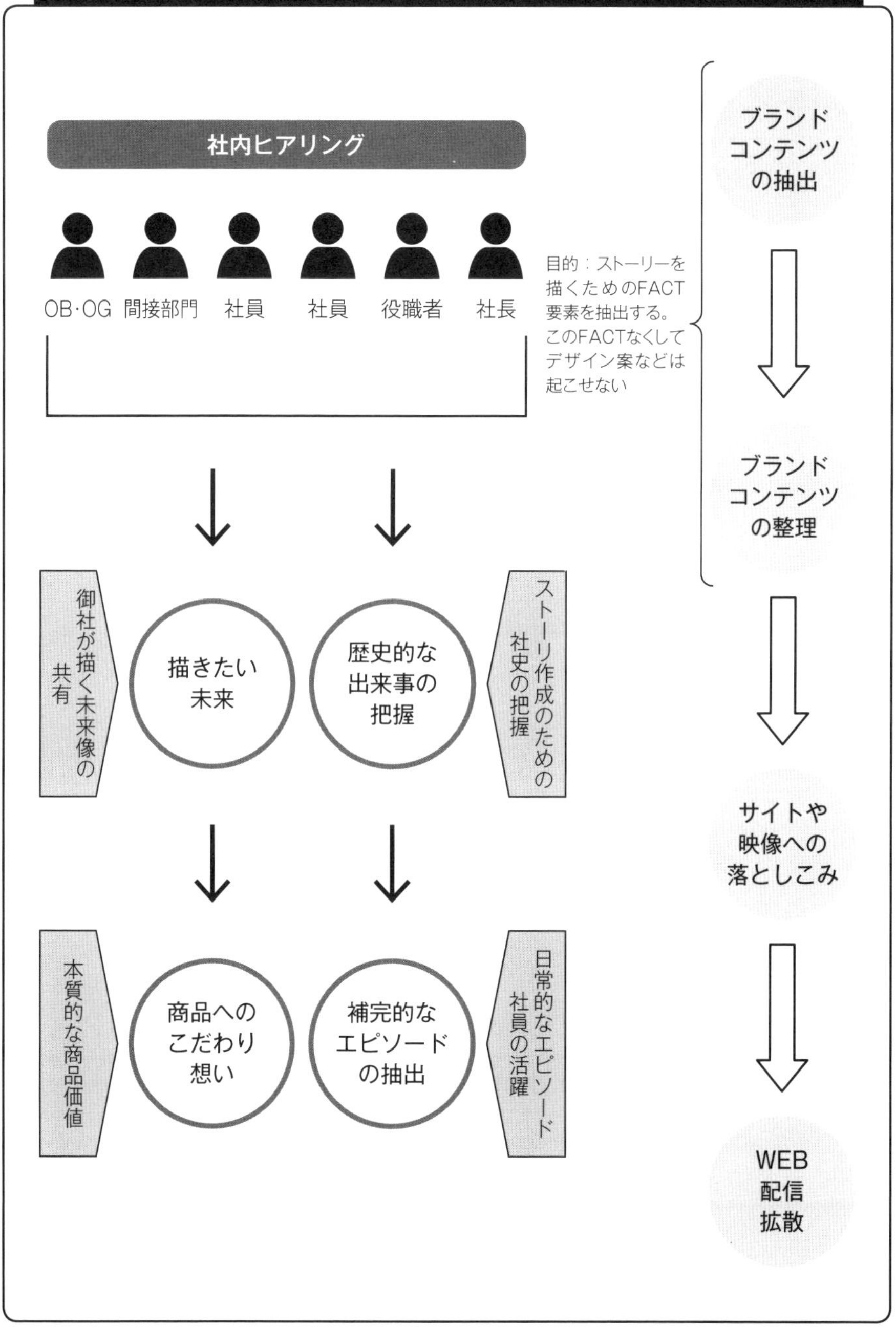

section 3

実施の際に気をつけること

WEBブランディングの失敗要因

ただ面白い、なんとなく素敵なデザインで進んでいくのは危険！

これはWEBマーケティングに限ることではなく、ブランディング活動全般において言えることですが、いきなりデザインを作ったり言葉を並べてみても良質なブランディングにはなりません。170ページにあるように自社のヒアリングを徹底的に行ない、自社の歴史やポリシー、プライド、個性、風土、文化などを棚卸ししてから言葉・デザインにしていくステップを踏みます。いきなりデザインやキャッチコピーを作ると、後で必ず漏れやズレが生じて修正を繰り返すことになってしまうからです。

▼ブランディングは多くの人に関わる

なぜ、いきなりデザインや企画を作成することがよくないかというと、ブランディングの要素は企業の一部の人のことではないからです。創業者にはじまり、役員、社員、お客様、取引先、株主、社会、メディアに至るまで、ブランディングの対象は多肢にわたるのです。もし、こうした多くの人達にマイナスイメージをもたれては、企業としては大変大きな損失です。自社の根幹となる本質的価値が何なのかを吟味せずにアウトプットすることは危険極まりないと考えるようにしましょう。

よくあるのが、広告会社が素敵なデザインや面白い企画を提案してくれたから、まずはそれに乗ってみたというケースです。その広告会社はあなたの会社の本質的な価値や普遍的なこだわり、社長や社員の方々の思いを本当に理解してそれを作っているのでしょうか。もしあまり理解せずに作っているとしたら、それは他の会社でも展開できてしまうような内容になっていないか？　と思い返すことが必要です。あなたが展開している事業の意義が必ずあるはずです。その意義のために事業を展開し、そしてそこに決して譲れないこだわりを持っているはずです。その根幹を明確にしてからビジュアル化のステップに入ることを、決して忘れないようにしてください。

WEBで行なうブランディングには大きく3つの階層がある

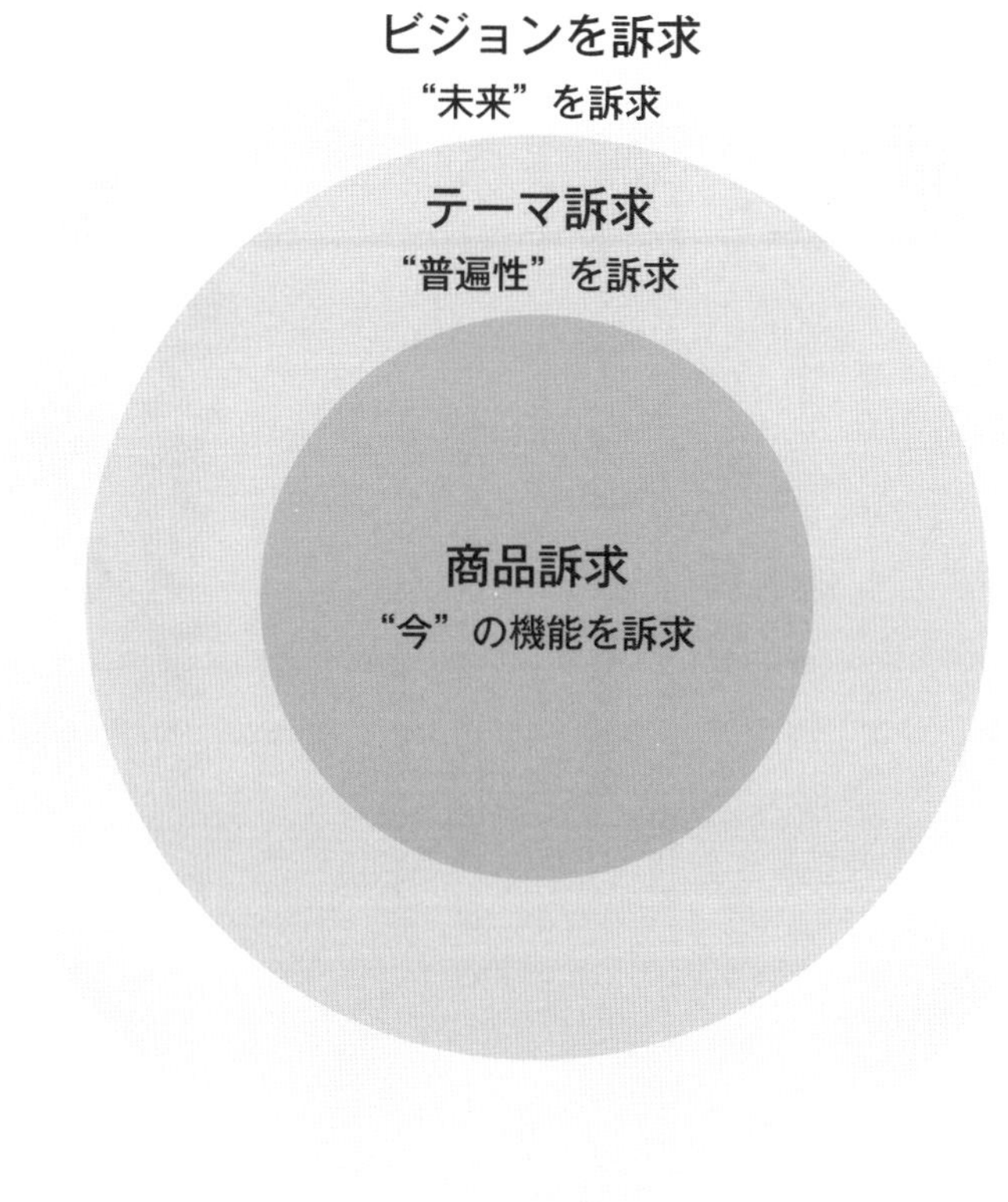

①商品　②普遍性　③未来

――①の訴求だけに終始してしまっているケースが多い

section 4

全体像をつかみながら進める

WEBブランディングを成功させる4つのステップ

ひとつだけで完結させようとしない

▼①ブランドコンテンツの抽出

はじめに、自社の何がこだわりで何が個性なのか、ここを明確にしないと何も進めることができません。なぜ創業したのか、そして創業以来何にこだわって進んできたのか、これからも変わらずこだわり続けることは何なのか、この普遍的な部分を徹底的に抽出するのが第1ステップです。

このステップが中途半端だと、その後のステップの品質がすべて低下していくと捉えましょう。この抽出段階ではデザインを起こしたりせず、社内から挙がってきた言葉をすべて文字にして丁寧に共通点をまとめて整理していきましょう。

▼②コンテンツの見える化

次に、抽出したブランドコンテンツを表現物としてアウトプットしていきます。抽出するだけではなく、それを〝見える化〟してやっとスタート地点に立てます。

そのアウトプットとは、映像やパンフレット、写真、出版物などすべての表現物を指します。それらの中からどのアウトプットが最もブランドコンテンツとしてふさわしいか、表現しやすいかをよく吟味して決定しましょう。

▼③コンテンツの配信・拡散

映像やWEBサイトなどのビジュアルを作成した後は、それをお客様となりうるターゲットへ届けなくてはいけません。作成してWEBサイトに掲載しておけば大丈夫と勘違いしてはいけません。作成したものを届けることが広告の役割となります。

第3章で紹介したディスプレイ広告などで配信し、SNSで拡散されるというストーリーを描き、実行していかないと、誰にも見られることのないアウトプットとなってしまいますので、ここが抜け落ちないように気をつけましょう。

▼④パブリシティ強化

最後はパブリシティ強化です。これはメディアに広告を出すという立場から、メディアから取材を申し込まれる

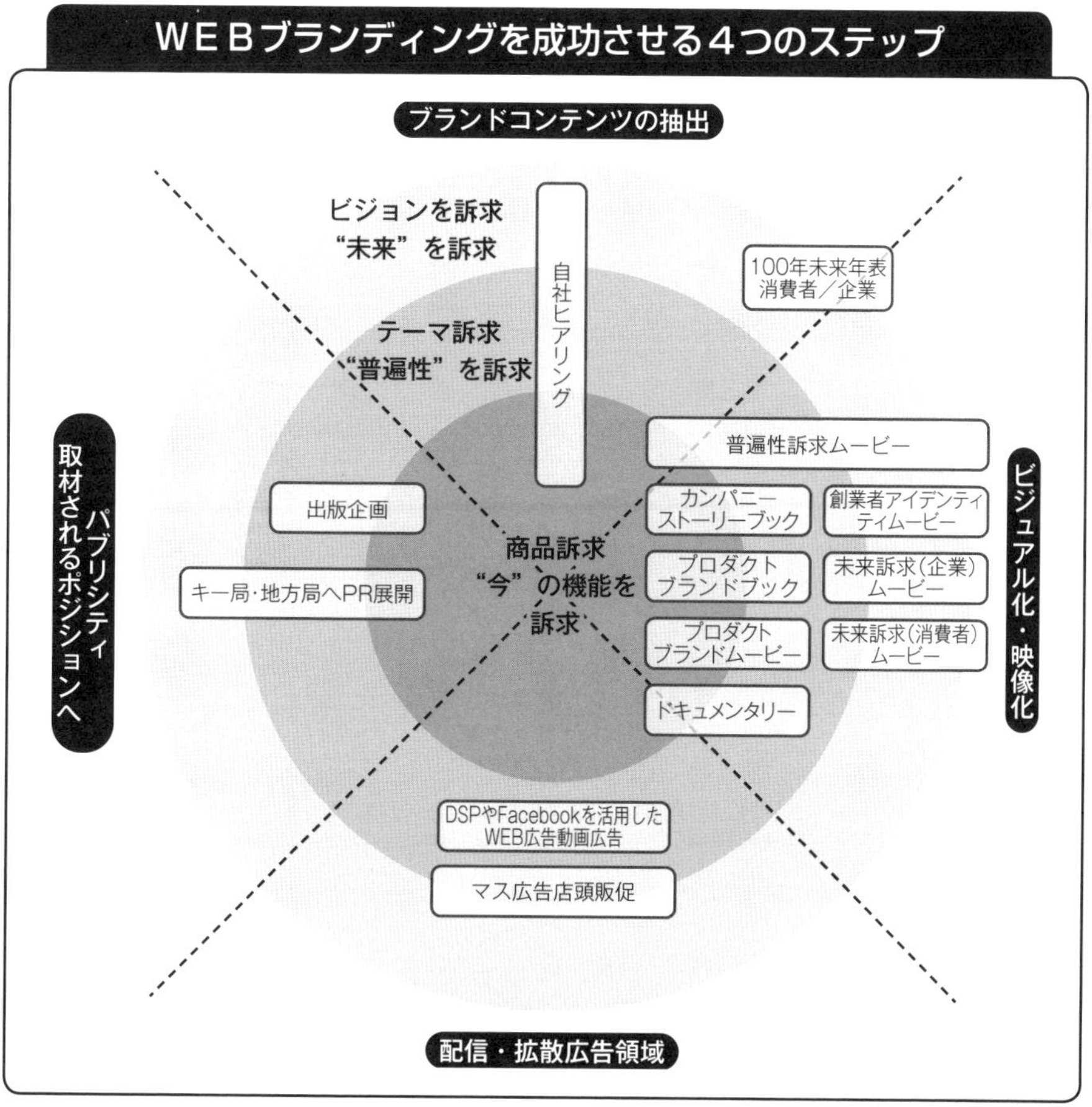

立場に転換していくアプローチを強化することを意味します。テレビ局や雑誌、新聞、WEBメディアから取材の申し込みが入り、無料で自社の記事が掲載されることは、ブランディングにおいて大きな価値をもたらします。自分を売り込む自薦（＝広告）よりも他薦（＝パブリシティ）のほうが、信頼性が高いので、作成したアウトプットをさまざまな方法でメディアに届けるようにしましょう。

上の図はWEBブランディングを成功させる4つのステップの一例です。どのような内容をここに書き込んでいくか、特にビジュアル化・映像化の欄でどのようなものを作成していくのかが、反響の鍵を握っています。

section 5

事業の意義をひもとく

「企業ブランディング」における訴求項目

まずは自社の歴史やこだわりの棚卸しからはじめる

▼なぜその事業を展開してきたのか

商品のラインナップが丁寧に配置されているだけで、その企業の理念やこだわり、社風、ビジョンなどコーポレートブランディングに属する内容が不足しているWEBサイトを多く見かけます。

ブランディングはテレビCMなどのマス媒体で行なうものという考えは大きな間違いです。これから、ではなく、すでに自社サイトがブランディングの重要コンテンツとなっていると強く認識しましょう。

自社サイトによってブランディングしていくには、左図にあるような内容を経営層にヒアリングすることが必須となります。

▼言葉の定義を間違えない

企業理念とはその企業が存在する意義です。つまりなぜその事業を展開するのかという理由に該当します。

企業ビジョンには2種類あり、定量ビジョンと定性ビジョンに分かれます。定量ビジョンとは数値で明示できる目標のことです。「3年後年商○○億円、社員数○○人」というようなものが代表的な例です。

定性ビジョンとは定量ビジョンを達成した際に備えておきたい品質です。「すべてのお客様から『ありがとう』を言われる企業になる」などがこれにあたります。

事業ドメインとは事業領域、つまり事業の範囲です。「家電製造業」であれば家電のみとなりますが、「生活サポート業」と定義すれば、家電だけでなくリフォームなどもその視野に入ることとなるのです。

まず、ブランディングに関するワードの定義を間違えないようにしましょう。

▼メッセージは必ず咀嚼すること

社長から社内に向けた言葉をそのままWEBサイトに展開しているケースをしばしば見受けますが、それでは消費者には伝わりません。

専門用語の使用は、特に注意が必要

企業ブランド力を高めるための抽出要素

下記の空白を埋めるように社内ヒアリングを行ない、ブランドコンテンツを整理していく。

経営理念

企業ビジョン

企業コンセプト

企業風土・文化	
歴史	
人材	
プライド	
人柄	
未来への想い・考え方	
お客様への想い	

です。「顧客満足度向上をめざします」というようなメッセージよりも「皆さまからのアンケートが私たちの宝です」といった表現のほうが伝わりやすいのです。

消費者向けのメッセージは必ず咀嚼した表現に変えることを十分に留意してブランディングに臨みましょう。

よくあるケースは、広告会社側がとても鋭い表現を提案したにもかかわらず、広告主側で複数の部署からの意見を統合した結果、何の印象にも残らないものになってしまうというもの。お行儀よくし過ぎると、よいものができません。用いる言葉には魂を込めましょう。まさに細部に魂が宿ります。句読点をつけるかつけないかでも、印象は大きくかわります。1文字1文字、十分に吟味しましょう。

section 6

商品を売り込むのではなく、商品の価値を感じてもらう

「商品ブランディング」における訴求項目

その商品をお客様が買う理由は明確か

「なぜ私は今あなたの商品を買わなくてはいけないのですか？」

こう聞かれてシンプルに返答できる理由がありますか。その答えには、さまざまな種類があると思います。

たとえば「今の季節にあなたが困ることを解決するから必要なんです」という季節の課題解決や防止という観点や、「うちの商品は徹底的に素材にこだわり、自社にしかない素材開発で日本唯一の利便性を提供できるからです」という答えもあると思います。

▼商品力がないのではなく、表現できていないケースが多い

「うちは商品にはこだわっているのだけれど、WEBサイトではそれがまったく表現されていない……」

このようなことに思い当たる方も多いのではないでしょうか。

自社サイトを作る際、まず完成させることに目が向いてしまった結果、商品をただ掲載して、でき上がってからどこかに違和感を持つ……と後悔することが少なくありません。

なぜそうなるかと言えば、いきなりデザインから入るからです。すでにお伝えした通り、いきなり広告会社にデザインを依頼してはいけないのです。

まずは自社の商品へのこだわりが何なのか、①今の商品におけるこだわり、②過去から続けてきた普遍的なこだわり、③これから提供していきたいこだわりを丁寧に整理することからはじまるのです。

左ページの項目を中心に、自社のこだわりの棚卸しをしてから、サイト制作へと進むことが大切です。

ただし、ここでもうひとつ注意が必要です。その内容をそのままサイトの原稿にしてはいけないということです。

たとえば、「安全に細心の注意を払って商品の開発に臨んでいます」というような表現よりも、「10万回の耐久テストをクリアした商品だけを提供します」としたほうが響くのです。最終的な表現には十分に気をつけましょう。

自社サイトの商品ブランド力を高めるために必要な要素

商品	
開発秘話	
技術	
製造工場・過程	
デザイン	
素材・材料	
安全性・耐久性	
機能	

section 7

募集要項が書いてあるだけのページから卒業

「採用ブランディング」における訴求項目

自社の個性を伝える――採用ページはここに集中すること

あなたが会社を選ぶ際、給与などの諸条件が同じだった場合、どのようにして就職する会社を決めるでしょうか?

人生の大事な岐路ですから、その選択を「なんとなく」という人はいないはずです。まず、以下の要素は知りたいのではないでしょうか。

①トップ(社長)がどのような考え方の人か、どのようなコンセプトや未来を描いているか、②社風や社内の一体感はどのようなものか、③仕事内容はどのようなものか、先輩社員の1日の業務、④どのような人が働いているか、自分と同じように入社した人が充実しているのかどうか、という4点です。

では、あなたの採用サイトには、この4つのことが網羅されているでしょうか。

大切なのはすべて残らず表現できているか、ということです。なぜなら競合企業は4つとも網羅していて、自社は3つなら、就職希望者が競合企業にいってしまう可能性が高まるからです。

▼ダイレクトリクルーティングの時代だということを十分に認識する

リクルーティングのために大手の求人メディアに掲載しても、目的が達成できない、ということが多発しています。採用できないから来月も採用広告を出すという悪循環になるため、採用コストは増大するばかりです。

今はメディアリクルーティングではなく、自社サイトに誘導して自社の個性を認知促進し、採用のマッチングや広告効果を上げていく、ダイレクトリクルーティングの時代です。よって採用において最も力を入れるべきは、他社のメディアへの出稿の仕方ではなく、自社サイトのあり方なのです。左ページの内容を踏まえて自社の個性を棚卸しし、社員やオフィスの撮影などにも手間暇かけて、自社ならではの内容を訴求しましょう。他社と同じフォーマットに募集要項が書いてあるだけでは、もはや、よい人材を採ることはできないのです。

採用ページを強化するためのヒアリング項目例

	お客様	商品	企業	変化
創業	商品を実際に体験し、五感すべてで納得してもらいたい 自社都合ではなく、お客様のことを第一に考える	お客様に価値を提供するには自社オンリーワンとなるものが必要であると考え、現在に至るまでそれを追求している 競合の商品や手法をマネることはせず、目の前のお客様一人ひとりに向き合う姿勢を大事にする	創業からの成長過程において、鑑定⇒不動産賃貸⇒建築事業とより大きな市場に挑戦する姿勢を持ち続け、上場を夢として掲げていた 競合他社からの厳しい言葉を浴びた時期もあったが、自社の信じる道を懸命に歩み続けてきた 創業当時、企業としての知名度が無い中での営業活動は厳しい対応で苦しい思いもしたが、皆で乗り越えてきた	大きな市場への挑戦を続けながらも常にオンリーワンの価値を求めた
現在	お客様一人ひとりに効用の最大化を提供できるように、一棟一棟に向き合っている お客様と出会ってから引き渡し、引き渡し後もお客様と真摯に向き合い、見守る姿勢を持っている	お父さん・お母さん・子供と一人ひとり異なる目線×動作×サイズがあり、全ての人に対しいい空間をつくることを大事にしている 瞬間的な良さだけでなく、飽きないことや長期的な住み心地の良さを求め続けている	７年連続県内No,1という実績が、企業としての自信になっている 規模の拡大、社員数の増加、認知度の向上など企業として盤石な基盤が出来てきている 会長のアイデアと社長の実行力が掛け算されることで、バランスのよい成長を続けている	パッケージ化からの脱却 1人1人への効果最大化
未来	お客様の変化と共に、効用も変化するので常に一人ひとりの効用のカタチを大事にしたい	安全・安心など住んでいる人に不安を感じさせず堅牢さも兼ね備えた様な信頼を提供したい 住宅という住む価値＋αの価値やライフスタイルを常に模索していきたい	お客様も社員も従業員も関係するすべての人が満足した結果、企業として成長していきたい 一棟一棟、一人ひとりの効用の積み重ねを経て未来を形あるものにしていきたい 住宅を提供するだけで終わらず、土地の価値、お客様の想いなど多面的な視野を持つ人を育てたい	時代と共に変化するライフスタイルを常に感じ住む価値＋αの価値を提供していきたい
普遍性	お客様が頭で理解する効用を大事にしながらも実際に商品を体験し、五感全て納得してもらいたい	『住宅の美しさ×生活の快適さ×家族を守る信頼』を追求しながらも、一人ひとりの「目線×動作×サイズ」に対し効用の最大化を目指す	一時的な流行などの外部環境に影響されず、自社の信じていることを曲げることなく進む	

section 8

競合が気にならなくなるくらい、自社の思いを貫く

WEBブランディングにおける自社ヒアリング項目

社内ヒアリングに手を抜かない！

本章で何度も伝えていますが、ブランド力の強い自社サイトを作りたいと本気で思うならば、自社ヒアリングを手抜きしないことです。企業ブランド、商品ブランド、採用ブランド、これらすべてを強化したサイトを展開するために、経営者から現場に至るまで、社内のキーマンすべてにヒアリングすることをお勧めします。P165・167・169のヒアリングシートを持って1人30分×人数に対して聞いてまわるという作業を、ほとんどの企業は行なっていません。なぜなら、「広告部や販促部の役割は、広告会社に指示を出して制作の手配をすること」という勘違いがあるからです。もちろん制作の手配も販促部の大切な業務のひとつです。しかし最も大切な業務は、品質を最大化するための社内調整を図ることです。それは社長に「どんなサイトにしたいですか？」と聞いたり、現場の営業部署に「どのようなサイトにしたいですか？」と聞いてまわることではありません。自社のブランドの根元には何があるかをうまく引き出す役割、それが販促部です。大切なことなのでもう一度書きます。社内と広告会社の間にたって伝言係をすることが販促部の役割ではありません。自社が備えているのに表現しきれていないことを掘り起こすために、ぜひ、社内ヒアリングを大切にしてください。

それを徹底したとき、おそらく競合が気にならなくなっているはずです。「うちの個性やこだわりを貫こう。競合と比較する以前にそれを潔く貫こう」と思えたときが、自社のブランドの根幹に気づいた瞬間です。他社のサイトを見て「まぁこんな感じかな」と自社サイトを作ることはお勧めできません。ましてや、広告会社に丸投げして「まずは提案してください」などというのは論外と捉えましょう。自社サイトはただ売れたか売れないかという数字的観点だけではなく、企業としてのブランド価値が伝わるようになっているか、という要素がとても大切です。

ブランディング全体像

経営理念	生活文化発展向上へソフト（日記・手帳）ハード（書籍）を提供し社会貢献をしていきたい。
企業ビジョン	「生活図書出版社」人々の生活にとって欠かせない「生活実用書」を提案する。 お客様にときめき、発見、夢を与えるライフスタイル提案業
企業コンセプト	未来を確かなものにするために。

企業風土・文化	つながりを大切にする。家族のような雰囲気で、 温かく、にぎやか。自らが創り出す基本スタンス。 「社員旅行」など、社員同士の風通しが良く、 上司と部下のコミュニケーションも活発。	プライド	安さで売り込むことはしない。 "いいもの"を創ることを徹底する。 約束を守る。信頼を得る。不義理を決して働かない。
歴史	「総合出版社」から、日常の商品を提供する 「ライフスタイル提案業」に転換。	人柄	誠実　真摯　素直　まじめ 温かい　決めたらやり通す　妥協をしない
人材	「自創教育」「部門別経営者」「自主独立の精神」 「人材育成3・3の戦略」	未来への想い・考え方	「活字文化は無くならない。デジタルと共存の時代へ」 競争ではなく共創の精神によるマーケット拡大。 次の世代のための商品を時代に合わせて生み出し続ける。 売れるものを作るのではなく必要なものを届ける。
高橋書店を支える6つの力	人間力　成長力　商品力 販売力　編集力　流通力	お客様への想い	全てはお客様のため。 良いものを作っていれば、 それはお客様にしっかり伝わり、支持される。

商品

開発	「品質」と「時代性」 自社オリジナル企画重視
技術	「細かい部分に、技術を宿す」 こだわりを実現する製造力・ 連携先開拓力
製造工場・過程	特殊製本、特殊印刷、独自のノウハウ
デザイン	「一つ一つに千差万別の違いがある」 何か一つを変えるだけで、 全ての調整を行っている。
素材・材料	紙の成分整合率から考察　反射しない 特殊インク、アパレルの技術に通じる 皮革加工、スピンの素材、糊
安全性・耐久性	何百回、何千回のテストを繰り返す。 あらゆる種類のペンにてテスト。 実素材サンプルテストの徹底 お客様の安全の為のニス・ コーティング加工
機能・レイアウト	「ミリの世界にこだわる」 フォント、厚さや線の細さ、 0.5ミリの世界で変える。

販売

現場主義・売場視点	自社のノウハウは全てここから始まる。 全社員販売視点・売場視点の徹底。
長期的施策	短期的ヒットよりロングラン。 商品寿命をいかに長くするかを考える。
書店の立場に立つ	手間をかけて、一つの書店の売り場に 日本一こだわり、 書店様との関係性を築く。
売場提案企業	自社の売上だけが伸びれば 良いとならないように、 ライバル社を含めて 売り場の提案をしている。
全員営業	販売部にかなりの人員を割いている。 全員一度は営業を経験し、 足で稼いでくることを 身につける。"地道にやる"
お客様からの声	売り場を設置していると、 お客様から声をかけられ、 何が良い、何が使いやすい、 もっとこうして欲しい、 と要望が聞ける。

採用・人材

社風・軸	若いうちから仕事を任せて貰える。 待っているだけでは仕事にならない。 社風を創るのはあなた自身。
コンセプト	自創の精神。 目標は自分で決め自分で結果をつかむ。 1人1人の未来をたしかなものにする。 ランクUPノート
会社案内	「攻めの高橋」「未来への挑戦」など、 22年以上前から続いている会社案内 を内定者が作成する。
人材像	自分で仕事をとっていける人、 営業を志望してくれる人。 仕事で人生を勝ち取っていける人。
一体感	「手帳」を全員で売る文化がある。 時には全員で一つのことに 取り組むこともある。
新卒重視	新卒を採用することで、 伸びしろがたくさんある。 チームワーク（一体感）が生まれる。
仕事の喜び	書店様からの直接の声 お客様からの年間600件 を超える生の声を得られること
人材育成の3・3戦略	「意識改革」「機能向上」「行動変革」

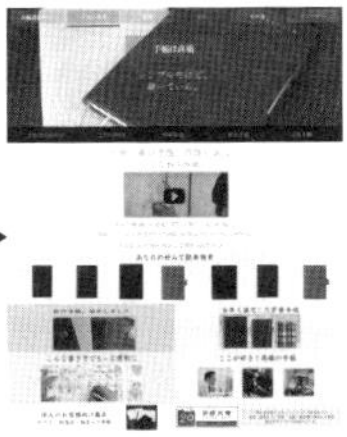

section 9

自社が持つ価値を見える化する

WEBブランディングのモデル事例 手帳メーカーNo.1の高橋書店

最高品質を生み出す最高のプライド

▼商品だけでなくこだわりを伝える

「手帳は高橋」というテレビＣＭのキャッチコピーでも有名な、手帳やカレンダー、日記等の日本を代表するメーカーである高橋書店のＷＥＢサイトは、大変良質なものになっています。

9章でお伝えしてきた、企業風土のブランディング、商品ブランディング、採用ブランディングという3つの分類がサイトにおいて総合的に網羅されて作られています。

トップページは左に掲げた通りですが、詳しくは「高橋書店」と検索して実際のサイトをご覧いただくと、よりわかりやすいと思います。

▼派手さが必要なわけではない

派手で目立つ、面白くて話題になる、これらの言葉は一見効果の出そうなフレーズに聞こえますが、ブランディングにおいては、それが自社の文化に見合うのかをよく考えなくてはいけません。高橋書店に取材をしてみたところ、大変質実剛健な企業風土を持たれていました。短期的なヒット商品を生み出すのではなく、お客様に10年、20年と使い続けてもらえるロングランの商品作りに魂をこめる社風が根付いていました。よって、派手で目立てばよいということは、高橋書店に当てはまることではなかったのです。会社として「ライフスタイルを提案する」をコンセプトに掲げ、それをサイトで訴求するのはもちろんのこと、それを商品で具現化するためにどれだけ商品開発にこだわっているかも具体的に表現されています。

毎年、内定者が入社までに会社案内を作成するという、他では聞いたことのない取り組みもされています。採用ページにおいてそれらも訴求しながら、どのような人柄の人と一緒に働きたいか、どのような個性を持っている人が自社に合うかを採用ページで伝えています。

自社らしさや個性、意義、こだわり、風土など〝自社ならでは〟の部分がしっかりと表現されている好例です。

高橋書店のWEBサイト

http://www.takahashishoten.co.jp/

第9章

これからのWEBマーケティング

▶section

まだまだ激変していくWEBマーケット section 1

どうなる？これからのWEBマーケティング

未来の予兆を感じる数字と各社の動向

▼ネットと店舗、物流連携に注目

次々ページの図は今後のマーケットを推察する上で注目のトピックスを抜き出したものです。アマゾンのホールフーズ買収はこれからの流通業における試金石かもしれません。通販と店舗、物流、システムが本格的に連携していく象徴的な出来事です。おそらく２０２１年くらいをメドにＷＥＢ広告の市場がテレビの広告市場を抜くことでしょう。オリンピックがある影響で、テレビＣＭ市場も２０２０年は盛り上がる可能性が高いものの、ＷＥＢＴＶの隆盛によっては、３年後テレビ業界がオリンピック特需を確実なものとして取り入れられるのか、大変注目される内容です。

フェイスブックのＣＥＯザッカーバーグは、メッセンジャーｂｏｔがすべてのマーケティング活動の窓口になると公言していますが、はたして現実のものとなるでしょうか。それにより、アプリというものが不要になるとさえ言われています。ＬＩＮＥのｂｏｔサービスの利便性を見ると、それもあながちあり得なくないとさえ思わせるインパクトがあります。

広告業界においては、長年業界の１位、２位、３位は電・博・ＡＤＫ（でんぱくＡＤＫ）というのが合言葉であったのに、今やサイバーエージェントがアサツーディ・ケイ社を追い抜きそうな勢いです。もっとも営業利益率においては、１・５％のアサツーディ・ケイは11・８％のサイバーエージェントにすでに追い抜かれています。そのサイバー社が肝入りではじめ、２００億円の投資計画を発表しているのが、ＷＥＢＴＶのAbemaTVです。従来のテレビ局よりもスピード、リアリティ、双方向性という面で差をつけ、そこにコンテンツ力、と記録性・リピート性が備わっていくと、日本のテレビのメインはAbemaTVという日も遠くないようにすら思います。

▼業界の主要プレーヤーから読み解く

ＳＮＳ分野で強みを発揮するアライ

ドアーキテクツ社が上場するなど、ＷＥＢマーケティング活況の様相ではありますが、中広というフリーペーパー主体の企業が東証一部上場に至るなど、ポイントはＷＥＢということ以上に、「インフラやプラットフォームを握ったものが勝つ」ということが明確なようです。

▼地方のデジタルマーケットが活況に

　地方の中小、中堅企業のデジタルシフトはまさにこれからです。実はまだ手つかずと言っていいほど地方の企業はＷＥＢマーケティングに取り組みきれていません。ＷＥＢ関連の大手企業も、地方のマーケットは空白でまだ明確なソリューションが生み出されておらず、これからコンサル会社を含めノウハウを蓄積することで折込みチラシやフリーペーパーからのシフトが加速すると見られています。

　都市部においては中堅企業の大手広告会社切りが加速していくことでしょう。派手にマス媒体を展開する時代はとうに過ぎ、よりきめ細やかな対応を、ＷＥＢプロモーション含めて望む顧客が中堅企業に増えています。年商でいえば１００億円前後の企業に多く、大手広告会社が大手企業向けの業務に集中すればするほど、こうした中堅企業への対応が手薄になり、担当プレーヤーがどんどん切り替わっていくことが今後発生すると思われます。

▼フロー型からストック型へ

　また、各業種とも、従来の収益モデルではなく、ストック型の収益を重視する傾向がさらに強くなると予想します。ストック型とはフロー型の逆の言葉で、単発の契約ではなく年間契約型や定額契約などにより契約先が積みあがっていく（ストックされていく）収益モデルのことです。フロー型とは1回納品して請求書をあげたらそれで終わりという1回1回の取引形態で、常に営業を要することとなり、ストック型に比べて安定性に欠ける側面があります。このストック型の商品を開発・販売していく企業が増加していくと予想され、ＷＥＢマーケティングでも「ストック型の商品をいかに認知し購入していただくか」という活動をサポートすることが多くなるように思います。

　すべてのマーケティング活動を数値化して、誰が見ても明らかな検証をしていくというＷＥＢマーケティングならではの特徴が、今後も重宝されていくのはもちろんのこと、ＡＩを代表するように、数値検証の先に自動化や自動進化という面を備えたテクノロジーが、今後の働き方、商品、価格、販売チャネル、プロモーションといった全分野に影響を及ぼしていくこととなります。

広告関連の注目トピックス

アマゾンがホールフーズを1.5兆円で買収

WEB広告市場1.3兆円、CM市場1.9兆円を抜く年も近い。
アメリカでは2017年逆転

2020年ネット対応テレビ普及率3,000万世帯で普及率55%へ

サイバーエージェント19期目で年商3,100億円3年成長率191%、営業利益率11.8%

ADK 年商3,526億円 3ヵ年成長率102%
営業利益率1.5%

AbemaTV、ニコニコ動画の堅調な成長
亀田興毅に勝ったら1000万円企画で1,420万視聴数の達成 200億円の投資計画

2016年7月C CHANNEL月間2億回再生突破
海外での再生が半分を占める

DSPの上場企業フリークアウト、前年比224%にて急速成長中。SNSのアライドアーキテクツの上場

2016年7月15日LINEが東証1部上場
調達額1000億円超え

Facebook利用数世界で9億人、WeChat7億人
Skype3億人、LINE2億1,500万人

2016年12月、中広東証1部上場 年商74億円
営業利益率6.5%

※データは2017年6月時点各種統計データや各社のIR等より

世の中の動きとWEBマーケティングに与える影響

政治・経済・社会・技術

- （政治・経済）年金問題 高齢者医療負担増による高齢者消費の冷え込み
- （人口）世帯規模の少子高齢化 女性の社会進出 待機児童問題
- （政治）免許品を中心とした規制緩和・増税による社会保障との一体化の棚上げ
- （経済） 大企業・富裕層中心の経済政策
- （技術）IT化・先端技術 AI・IoTの普及拡大
- （経済）二極化社会 低所得層増大 子供の貧困問題
- （人口）人口減少（家族層減少） 少子化 若者問題
- （雇用・採用）有効求人倍率1.45倍 高校生の求人倍率2.05倍
- （政治）訪日外客数2,403万人 前年比21%増 出国数も5.6%増
- （エネルギー）今後も伸び続けるスマートエネルギー・省エネ市場

今後のキーワード

- ●AIの普及による労働変化
- ●WEBTV・有料TVへのシフト
- ●bot型プロモーションの普及
- ●コンサル企業のデジタル分野における台頭
- ●中堅企業の大手広告会社カット加速
- ●採用広告の大手メディアカット加速
- ●店舗とデジタル・物流の連携強化
- ●ジオターゲティングの本格化
- ●地方企業のデジタルシフト
- ●ストック型経営へ
- ●ダイレクトリクルーティング
- ●ダイレクトプロモーション

メディアの価値が問われている

section 2

メディアに出稿する側からプラットフォームを作る側へ

メディアへの広告費が自社のプラットフォームコストへシフト

これからのWEBマーケティングがどう変わっていくのか、さまざまな可能性と見解がある中から、本書なりの今後のポイントを前項に挙げました。ここからはそれらのキーワードを踏まえながら、今後のWEBマーケティングの潮流について記していきます。

わかりやすくするために、少し極端な数字を例にとってご説明しましょう。現在、年間10億円の広告費を使っている企業があるとします。毎月さまざまなメディアに広告を出稿して集客を繰り返すのと、1億円のシステム投資をして自社オリジナルのプラットフォームを作ってリピート促進を図るのでは、どちらが効率的でしょうか。

一概にどちらが正解とは言えませんが、自社で顧客を囲い込む広告主が増えてきました。後述するパナソニックやソニーがその代表的な企業です。

メディアというのはある意味、人の土地です。人の土地で自分たちの宣伝をさせてもらっている状態です。それが今では、自社のメディアや自社のプラットフォームを作り、そこにターゲットの方々が多数訪れることで、コミュニケーションが深まるようになってきました。

中にはそのプラットフォームを活用し、広告ビジネスを展開する企業も増えてきました。たとえば10代の女性向け商品を扱う企業なら、10代向けの雑誌広告に多額のお金を払うのではなく、10代の女性の必需品となるようなWEB上のプラットフォームを開発してしまうのです。

自社の商品を打ち出す自社メディアを作るのではなく、髪のセットの仕方とかネイルやダイエット情報など、そのターゲットが必然的に使用するツールを提供するというイメージです。面白い写真加工で撮影できるアプリも、そのひとつかもしれません。そのようなツールを広告主が開発し、自社のターゲットとなる人達が大量にそのツールを使うことで、そのスマホ端末を通して、データ解析や広告コミュニケーションが開始されていくのです。

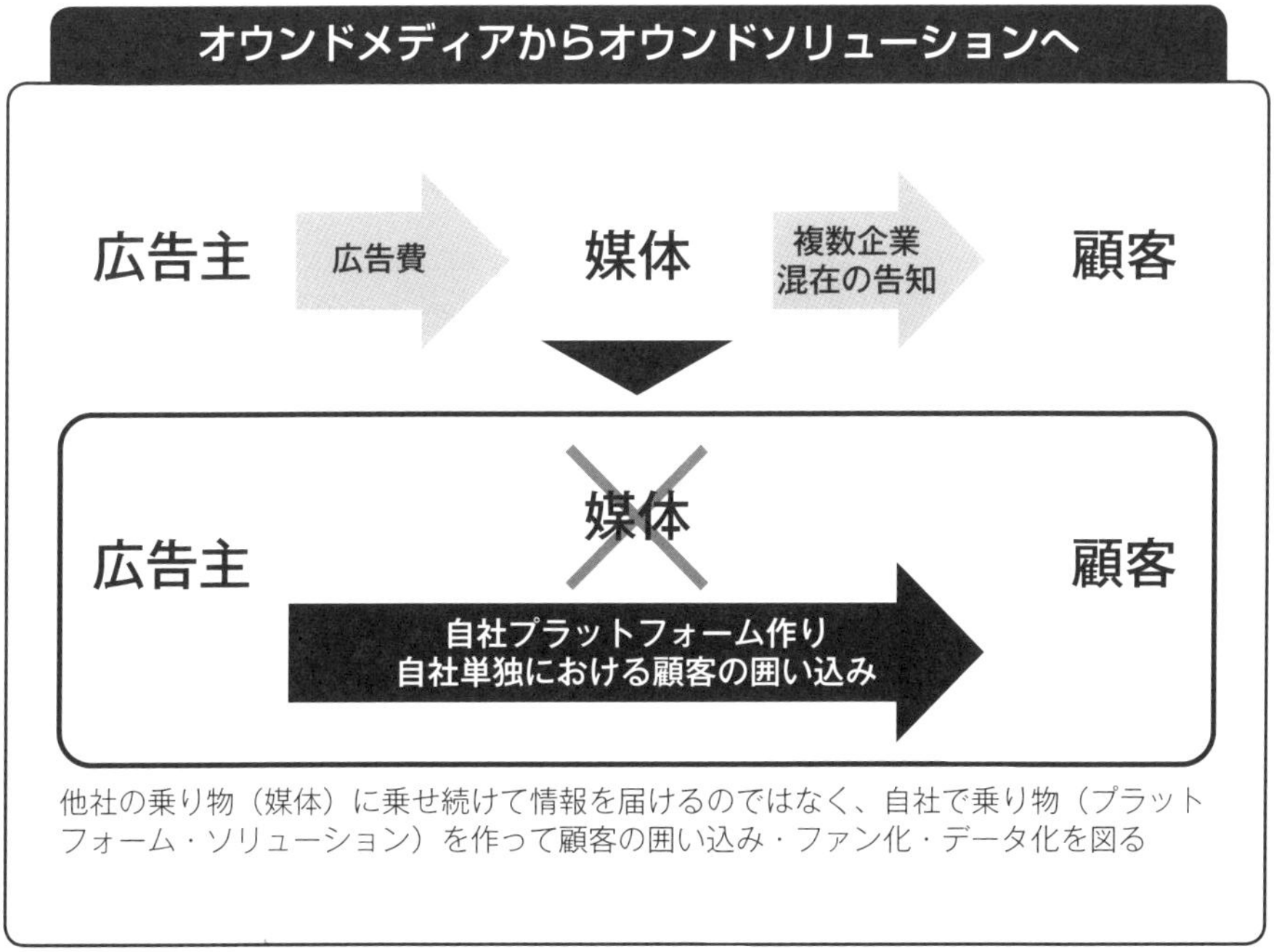
オウンドメディアからオウンドソリューションへ
広告主
広告費
媒体
複数企業
混在の告知
顧客
広告主
媒体
顧客
自社プラットフォーム作り
自社単独における顧客の囲い込み
他社の乗り物（媒体）に乗せ続けて情報を届けるのではなく、自社で乗り物（プラットフォーム・ソリューション）を作って顧客の囲い込み・ファン化・データ化を図る

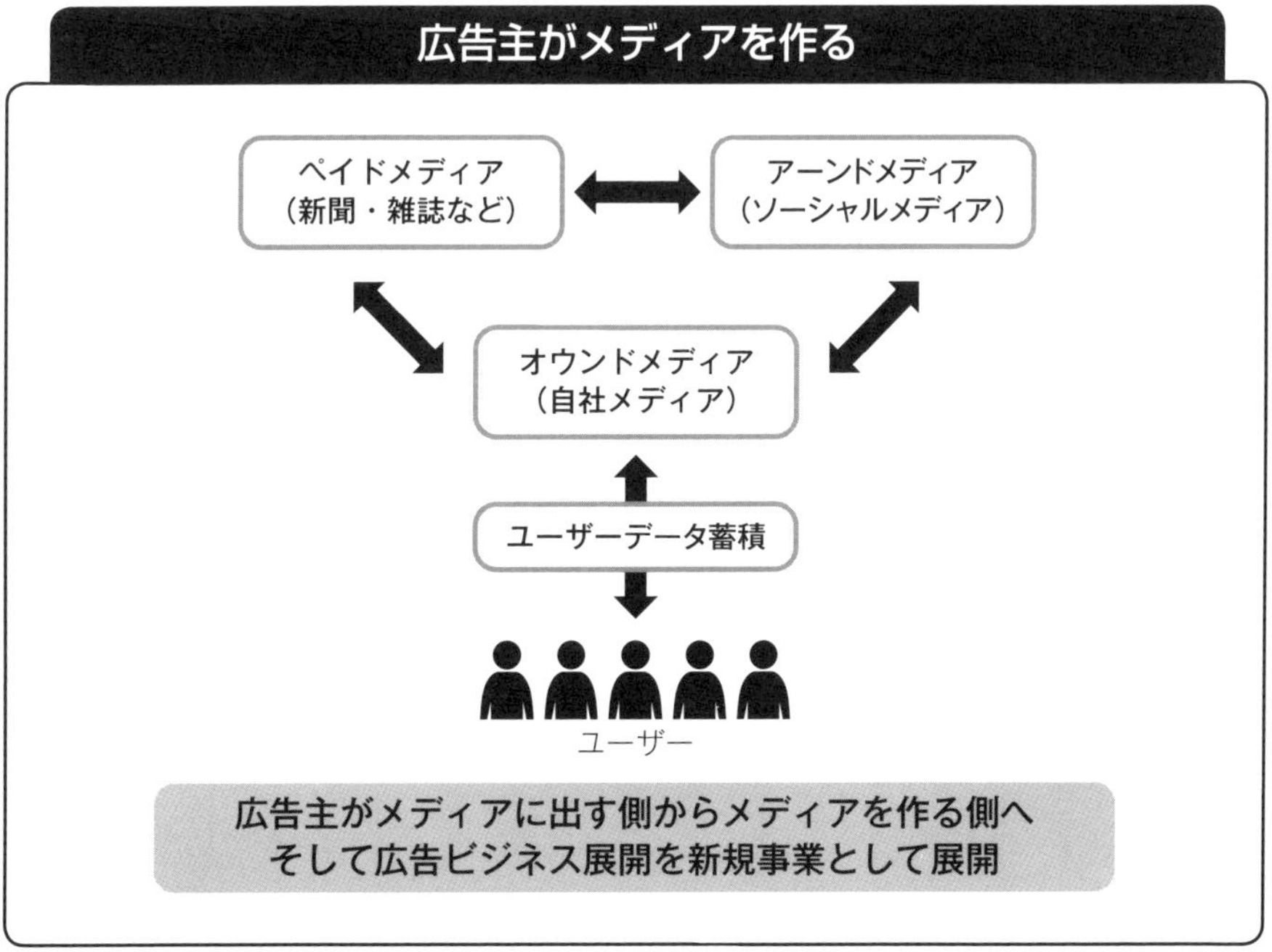
広告主がメディアを作る
ペイドメディア
（新聞・雑誌など）
アーンドメディア
（ソーシャルメディア）
オウンドメディア
（自社メディア）
ユーザーデータ蓄積
ユーザー
広告主がメディアに出す側からメディアを作る側へ
そして広告ビジネス展開を新規事業として展開

section
3

広告主が広告業界の最大の脅威に

広告業界の役割が激変しはじめている

メディアに出稿していた広告主がメディアを作る時代

ニュースイートはソニーが展開する無料ニュースアプリで、毎日のニュースが手軽に読めるだけではなく、自分がお気に入りのカテゴリーのニュースだけを集めるカスタマイズ性も備えています。インストール総数５０００万以上、世界70ヶ国で展開し、月間アクティブユーザ７００万人を誇るアプリです。つまり一大メディアを作り上げたということです。メディアに広告を出していた企業が自社でメディアを作り、そしてユーザー数が増えてくると広告ビジネスを展開するという流れです。

パナソニックのCLUB Panasonicも有名です。会員数８２０万人、月間ページビュー数はなんと2億２０００万回に達しており、顧客属性に応じて、家電以外の業種とターゲットが合致する企業に広告を提供していくのです。従来は広告業界のプレーヤーがメディアを作り出したり、販売をしてきました。しかし今や広告主がメディアを作る時代なのです。

▼広告主が広告運用まで行なうか否か

ここで必ず議論に挙がるのが、広告主側で広告を運用する人材を確保すべきか否かということです。

今まで広告を出していた側の企業の中に、広告配信や運用を毎日行なう社員がいる風景は、ちょっと想像しづらいものですが、これが現実のものとなってきています。今や広告配信の作業も広告主側で行ない、広告主が自分たちで分析まで行なうという流れが生まれています。

この流れの一端を担っているのが広告業界、ＷＥＢ業界からの人材流出です。特にＷＥＢ関連の企業出身者が大手広告主企業に転職し、そこで広告運用のノウハウを発揮し、今まで広告会社に払っていたコストを大幅に低減しているのです。この潮流は広告業界にとっては脅威以外の何者でもなく、最大の敵とも言えます。広告業界の役割や必要性が、これから数年で大きく変化することが予想されます。

広告主がメディアを開発しデータ連携＆広告最適化

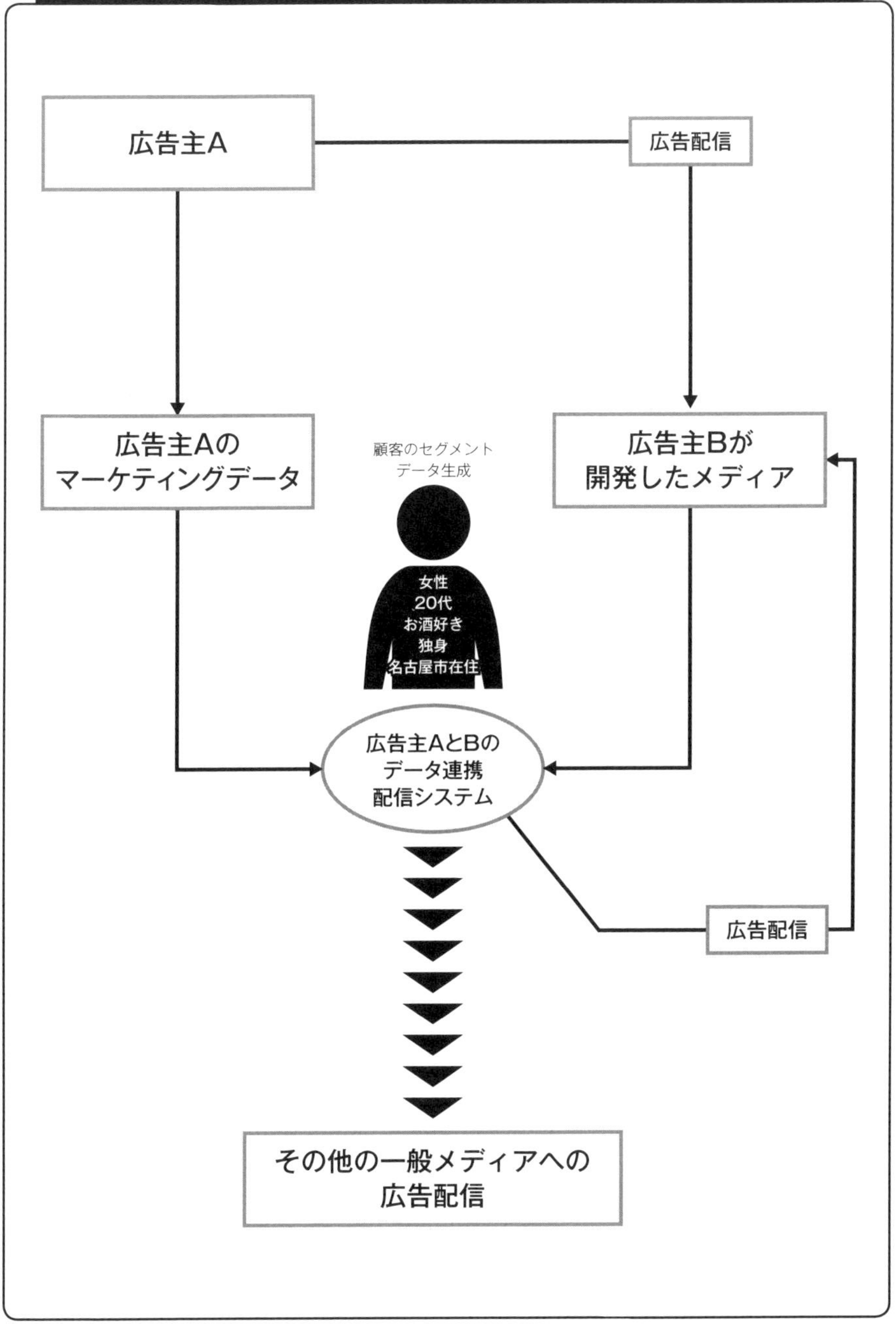

section
4

「いかに知らせるか」ではなく、
「いかにお役に立つか」の時代

瞬間風速の広告より、ロングランのソリューション開発へ

ソリューションの進化のヒントはコンビニにあり

ＷＥＢマーケティングのステップは、ターゲットに響く企画を考察し、それをデザインにして最適な配信の仕方でターゲットに届けて効果を検証する、というものです。基本的にこちら側が売上や集客のために情報を送りたいという、企業からのアプローチが主体となります。しかし理想的な流れは、売り込むことなくしてお客様と自然に接点が持てたり、お客様のほうからこちらとコミュニケーションを取ってくれるようになることです。

そのためには、お客様がお困りになっていることを解決するようなソリューションが必要になります。とにかくお客様が今困っていることは何なのか、そしてそれを解決するＷＥＢを活用したソリューションをどう作っていくかというところにニーズが存在します。自社が売りたい商品が掃除用品だから掃除の仕方を教えるＷＥＢサイトを作る、という流れではありません。自社が売り込みたい商品から考えるのではなく、「お客様が何に困っているか」という観点から考えていくのです。

身近なソリューションの例がコンビニです。コンビニの歴史は、日本中のお困りごとの解決の歴史といっても過言ではありません。そして今でも進化を続け、さまざまなマーケットを横断してソリューションを展開しています。銀行、スウィーツ、カフェ、中食、健康、収納代行、物流、郵便、街の治安、雇用など……。常にお客様に利用してもらい、進化し続ける最大の要因は、「売り込みたい商品」ありきではなく、お客様自身も気づいていないが困っているであろうことに想像を巡らせ、その課題解決の方法を試してみて、うまくいったものを全国展開していることにあります。この流れがＷＥＢマーケティングにおいても必要です。ただ知らせるためのＷＥＢ広告ではなく、ＷＥＢを活用していかに消費者の課題を解決するソリューションを構築するか、ここにこれからのヒントがあります。

ソリューション作りの10ヶ条

1 広告ビジネスの歴史は「新ソリューション作り」の歴史である！

2 業界の「枠」を越えろ！業界の非常識（タブー）をやれ！逆をやる！

3 “一緒に”業界の「枠」を越えてくれる顧客との出会いを作る！

4 よい顧客との“出会い”がなければ、ノウハウは作れない！

5 よい“出会い”を得られたら、手間暇をかけてその成果を上げる！

6 その成果が上がれば、自然に自らの実績も上がる！

7 そして、365日、常に「新ソリューション作り」に邁進しなければいけない！

8 「新ソリューション」は作った瞬間に陳腐化する！　常に、革新が必要である！

9 「新ソリューション作り」の後は、それをヨコ展開するための「パッケージ作り」が必要である！

10 集客サイトのコンテンツは「新ソリューションのネタ」で満載にすべきであり、商品メニューの羅列ではない！

まだまだこれからが本番

section 5

これから本格化するマーケティングオートメーション

新規客重視からリピート顧客重視へ

▼マーケティングオートメーションとは?

マーケティングオートメーションとは、デジタル空間で見込み客の育成業務を自動化したマーケティングツールのことを指します。日本では２０１４年頃から多くの企業が導入しはじめました。その理由は、企業の営業活動において「見込み客名簿の管理」が常に課題になっているからです。

たとえば、毎月30件の新規名簿を獲得したとします。どんな優秀な人でも、すべての名簿から商品購入へと至らせるのは至難の業です。ここでは仮に受注率が10%とします。すると、毎月30件のうち3件が受注につながり、残り27件の名簿がたまっていくことになります。スタッフが10人の会社であれば毎月２７０件の名簿が溜まり、１年間では３２４０件の名簿がたまり、人の力では管理が難しくなってきます。

一方で、販売スタッフは今すぐ購入につながらない中長期客にはなかなか時間をさけずに、目先の短期客に自分の時間を集中させます。すると、どうでしょう。いつの間にか放置されていた管理名簿の顧客を他社にとられていたということが日常茶飯事になっていくのです。

仮に１０００件の名簿があれば、１０００人の担当者をつけてアプローチさせることが理想ですが、現実はそうはいきません。そこで、デジタルテクノロジーを活用して全顧客に最適なアプローチをして受注活動につなげる役目として生まれたのが、マーケティングオートメーションです。

これまでは単にメールマガジンを配信していただけなのが、顧客の見込み度に合わせて、最適のタイミングで、最適な案内をデジタル空間で実現することができるため、導入する企業が相次ぎました。

▼見込み客名簿は決して薄くない!

デジタル空間では、見込み客はいつでもどこでも情報を検索しています。実際に多くの方から「ＷＥＢサイト経由で資料請求や会員登録などがあり、

見込み客を育成するために

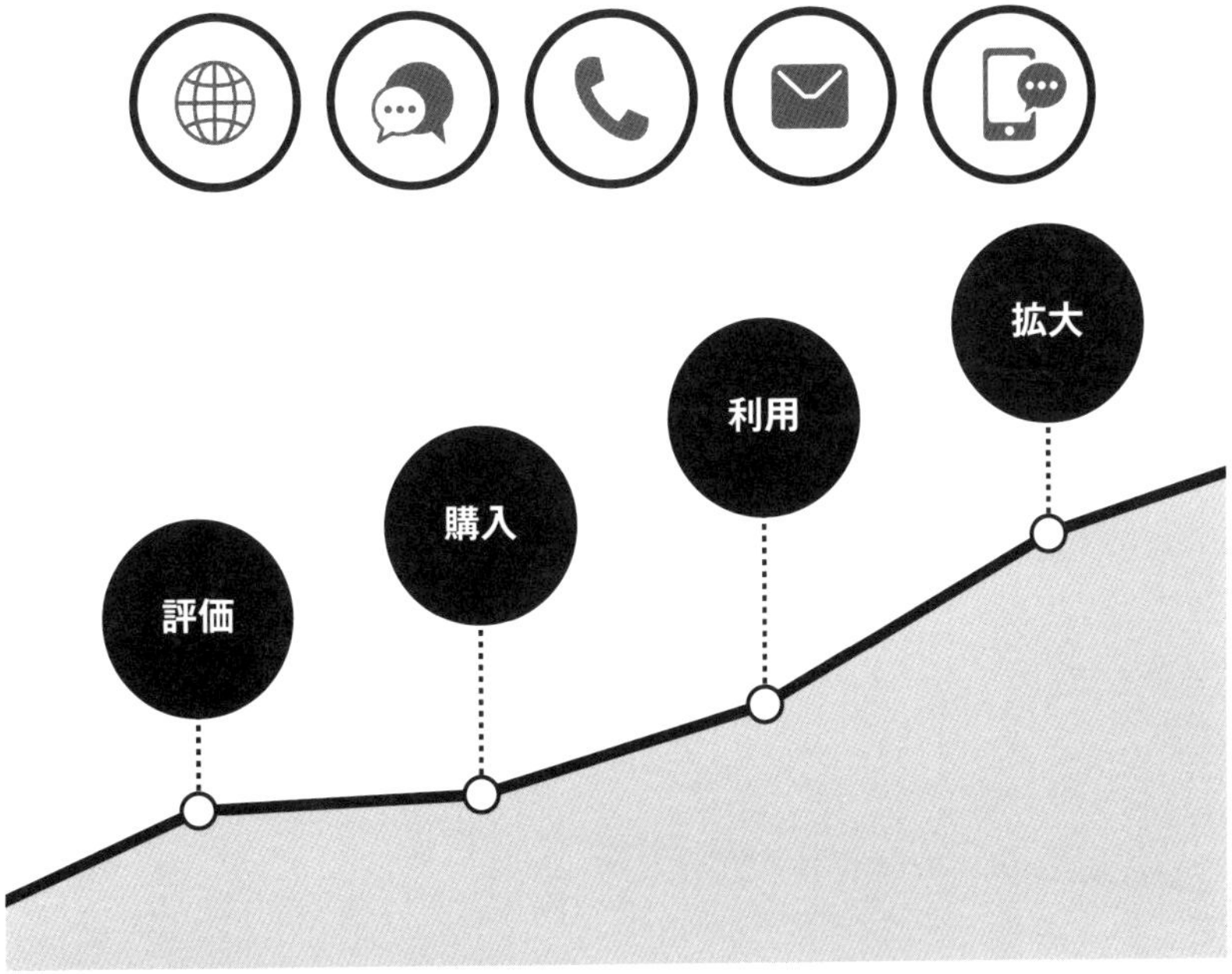

**それぞれの顧客ステージ別に長期にわたる関係を構築する。
メール、電話、WEB広告等、さまざまな顧客との接触ポイントを
融合させて効果を最大化させる。**

見込み客名簿は集まるものの、見込み度が薄い」という声を聞きます。しかし、それは間違いです。「見込み度が薄い」のではなく、かつてないくらい早いタイミングで見込み客と接しているだけなのです。このため、名簿を管理しているマーケターなどは、しっかりと見込み客を育成する必要があるのです。逆に、デジタル空間からの見込み客と営業スタッフが会う段階は、ほぼ契約に近い段階でもあるのです。

自社の商品を買うか、他社の商品にするか二者択一の状態です。しっかり見込み客の育成をしないと、いつまでたっても見込み客と会うことができずに他決されるという現象になるのです。

このような事態に陥らないように、増え続ける見込み客の育成・管理をデジタル空間で少しでも効率的にやるために、マーケティングオートメーションがその期待を担っているのです。

顧客分類と顧客別アクションを自動化する section 6

さまざまな課題を解決するマーケティングオートメーション

1人1人への対応を細分化・自動化する時代

▼見込み客の「心の動き」が丸見え

見込み客のデジタル空間における行動は、企業の営業活動に大きな影響を及ぼします。

会ったこともない相手に対して、どのような打ち手があるのか見当もつかないと苦手意識を持つビジネスマンが多くいますが、実はデジタル空間の特性をうまく利用すれば、そこにはビジネスチャンスが広がっているのです。

デジタル空間では、見込み客一人ひとりの行動を把握することができるのです。リアル空間だと、お会いしたお客様がどんな情報を収集しているのか、何回お店に訪問しているのか、どんなことに興味を抱いているのか、わかりません。

しかしデジタル空間では、どのルートから自社WEBサイトに訪れたのか、どのページを長く見ているのか、どんなメールを閲覧しているのか、何回訪れているのかを時系列で把握することができます。

このため、見込み客が「興味・関心」の状態から「比較・検討」へとランクアップしたのかどうかが手に取るようにわかるのです。

▼最適なタイミングで接客する

マーケティングオートメーションは、デジタル空間において、見込み客の行動をリアルタイムに、かつ過去の動きを時系列で把握し、見込み客の見込み度に点数をつけてランク分けすることもできます。それぞれのランクに合わせて最適なタイミングで、最適な情報を、自動でアプローチして購買につなげることが、マーケティングオートメーションにより実現できるのです。

数年前までは導入費用や毎月の利用料などが高額でしたが、今では月額数万円程度で手軽に利用できるようになりました。スモールスタートで導入できるので、他社がまだ導入していない今のタイミングでノウハウを蓄積し、売上アップにつなげている企業が多くいます。

WEB上のさまざまな課題を解決する

WEBサイト上の顧客体験がすべて一律 → 顧客端末を分類し顧客ごとの表示を自動化

関連づいたコンテンツがWEBサイト上で見つからない → コンテンツ推薦機能

WEBサイトにアクセスされたが直帰してしまった → 個人に対してリターゲティング

個人情報の取得やアドレスの登録などがなくても1端末ごとの傾向を把握し、自動的に対応する

自社サイトを"営業マン"に変える！

section 7

自社サイトの能力を次のステップへ

自社サイトは「告知場所」から「接客・営業の場」へと変わっていく

▼購買意思決定プロセスに合わせて見込み客を育成する

お客様の購買行動プロセスをきちんと理解した上で、どのお客様にどのような価値・情報を、どのタイミングで伝えるかがマーケティング活動における根幹です。

お客様である見込み客の購買意思決定プロセスを把握することが、マーケティングオートメーションを最大限に活用するために欠かせない要素となります。自社商品に興味を抱いてサイトを訪問した見込み客を、購買意思決定プロセスに合わせてマーケティングオートメーションで育成していくことが狙いだからです。これはBtoB、BtoCどちらにおいても重要です。皆さんの業界における見込み客の購買意思決定プロセスを、仮説でもいいのでまずはしっかりと把握することからスタートしましょう。

たとえば住宅業界で、「資料請求をした見込み客を育成して展示場に来場させる」のがマーケティングオートメーションの役割だとしましょう。見込み客は会社の商品に興味を抱いてサイトを訪問してきますが、商品の特徴だけでなく、会社の考え方や家づくりにおける他社との違い、これまでの施工例、お客様の声、建てる家がイメージできるモデルハウスや展示場、直近のイベント情報を見て展示場に来場してくれます。実際に来場して契約に至ったお客様は、来場するまでにWEB上でどんな購買意思決定プロセスを経ているかという情報が集積しているので、こうしたやり方が住宅業界ではフィットします。

自社の「売り方」を中心としたマーケティング活動ではなく、お客様の「買い方」を中心としたマーケティング活動に変えていくことが、見込み客とのよいコミュニケーションを築き、生産性を高めることにつながります。マーケティングオートメーションを導入する前に、まずは自社のお客様の購買意思決定プロセスを整理することからはじめましょう。

マーケティングオートメーションの利用例（不動産サイトの場合）

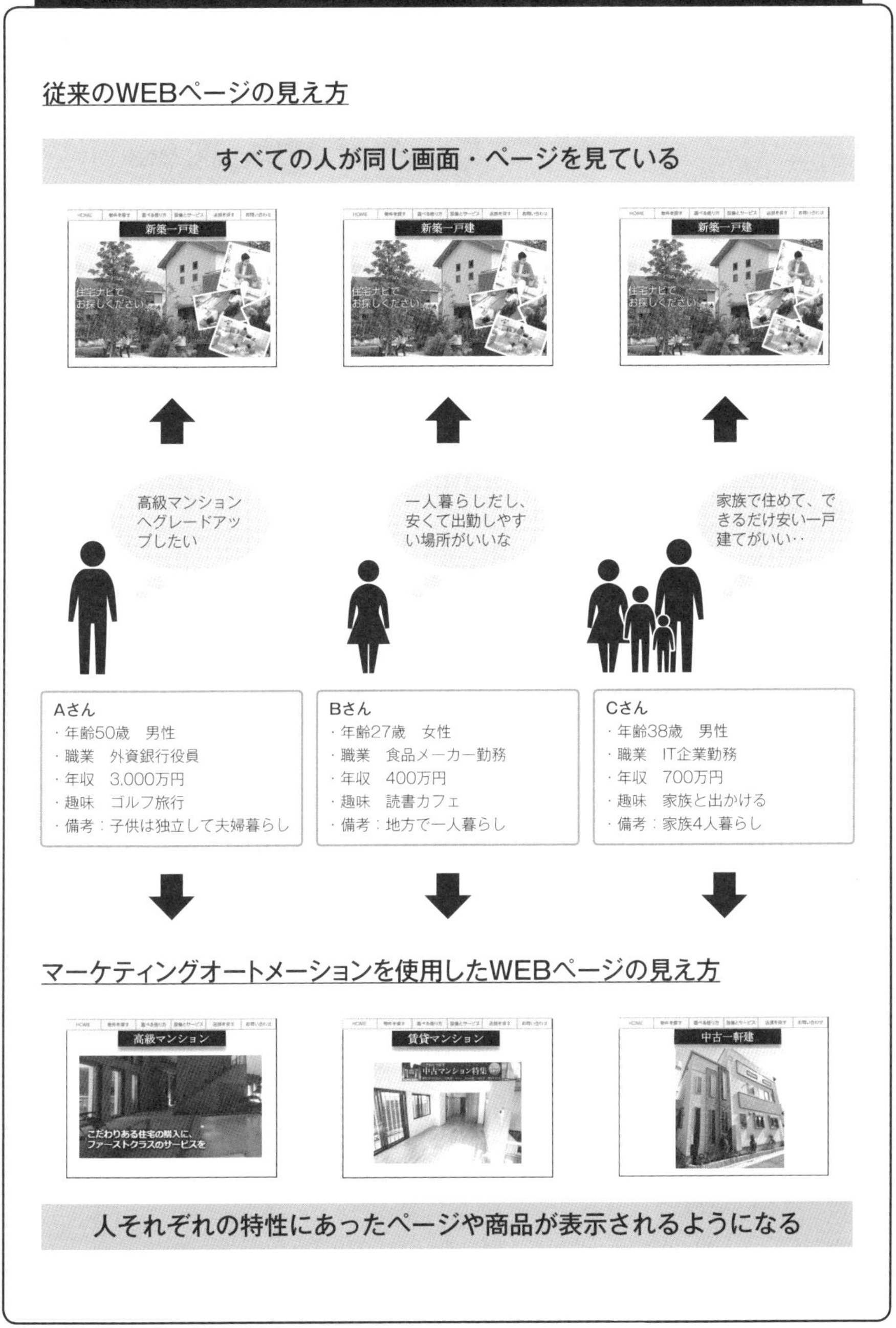
従来のWEBページの見え方
すべての人が同じ画面・ページを見ている
新築一戸建
住宅ナビでお探しください
高級マンションへグレードアップしたい
一人暮らしだし、安くて出勤しやすい場所がいいな
家族で住めて、できるだけ安い一戸建てがいい‥
Aさん
・年齢50歳　男性
・職業　外資銀行役員
・年収　3,000万円
・趣味　ゴルフ旅行
・備考：子供は独立して夫婦暮らし
Bさん
・年齢27歳　女性
・職業　食品メーカー勤務
・年収　400万円
・趣味　読書カフェ
・備考：地方で一人暮らし
Cさん
・年齢38歳　男性
・職業　IT企業勤務
・年収　700万円
・趣味　家族と出かける
・備考：家族4人暮らし
マーケティングオートメーションを使用したWEBページの見え方
高級マンション
こだわりある住宅の購入に、ファーストクラスのサービスを
賃貸マンション
中古マンション特集
中古一軒建
人それぞれの特性にあったページや商品が表示されるようになる

AI、bot サービスの拡大にビジネスチャンスあり

これから求められる人材像

　前述したマーケティングオートメーションはこれからさらに本格的に普及していくことでしょう。知っている人にとって、マーケティングオートメーションはすでに古いものかもしれませんが、日本全体に当たり前のものとして普及しているかというとそうではなく、中堅企業、中小企業へはこれから拡大していくはずです。その中でＡＩ、ｂｏｔサービスも隆盛を迎えると思われます。

　ｂｏｔサービスをご存知ない方は、ぜひＬＩＮＥのｂｏｔサービスを検索して映像でそのサービスを見てください。フェイスブックを含め、ｂｏｔサービスがすべてのマーケティング活動の入り口になるとすら言われています。ＡＩもさまざまな分類と用途が存在していますが、マーケティング・マネジメントの全領域にイノベーションを起こしていくことでしょう。

　メディアでは、ＡＩの普及によって消滅する職業が増えていくと騒がれています。しかし本当にそうでしょうか。人間は、人間にしかできないことに時間を集中して価値を高めていけば、新たなニーズを顕在化させることにもつながります。では、どのようなものが人間の役割で、何が人工知能の役割なのか、このビジネス設計には仕事がしばらく集中することでしょう。

　マーケティングオートメーションにおいても、何を自動化するのか、どのような販売プロセスになっているのかと分解し、初期設定を考えていかなくてはなりません。左のようなカスタマージャーニーマップがその好例です。このようなＷＥＢビジネスの設計というノウハウは、付加価値の高いものとして、今後も求められることでしょう。

　ＡＩは自分とは遠いところにある、得体のしれない難しいものではなく、ＡＩが持つ機能分類を理解し、それがどのような設計によって活用されていくかを分解したとき、そこに商機を見出すことができるでしょう。

学生がアルバイトを探す際の心理と行動

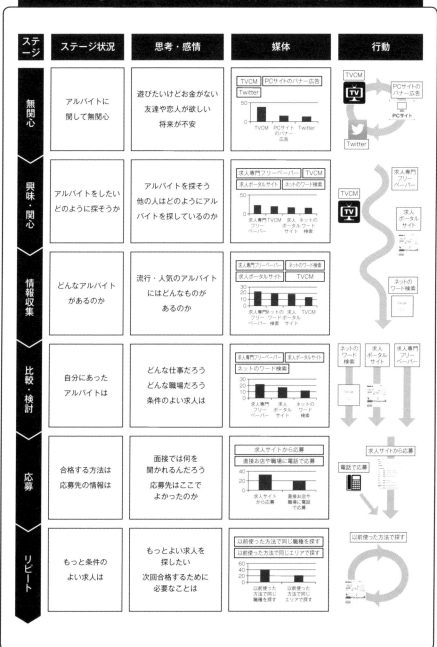

ステージ	ステージ状況	思考・感情	媒体	行動
無関心	アルバイトに関して無関心	遊びたいけどお金がない 友達や恋人が欲しい 将来が不安	TVCM / PCサイトのバナー広告 / Twitter	TVCM / PCサイトのバナー広告 / PCサイト / Twitter
興味・関心	アルバイトをしたい どのように探そうか	アルバイトを探そう 他の人はどのようにアルバイトを探しているのか	求人専門フリーペーパー / TVCM / 求人ポータルサイト / ネットのワード検索	求人専門フリーペーパー / TVCM / 求人ポータルサイト
情報収集	どんなアルバイトがあるのか	流行・人気のアルバイトにはどんなものがあるのか	求人専門フリーペーパー / ネットのワード検索 / 求人ポータルサイト / TVCM	ネットのワード検索
比較・検討	自分にあったアルバイトは	どんな仕事だろう どんな職場だろう 条件のよい求人は	求人専門フリーペーパー / 求人ポータルサイト / ネットのワード検索	ネットのワード検索 / 求人ポータルサイト / 求人専門フリーペーパー
応募	合格する方法は 応募先の情報は	面接では何を聞かれるんだろう 応募先はここでよかったのか	求人サイトから応募 / 直接お店や職場に電話で応募	求人サイトから応募 / 電話で応募
リピート	もっと条件のよい求人は	もっとよい求人を探したい 次回合格するために必要なことは	以前使った方法で同じ職種を探す / 以前使った方法で同じエリアで探す	以前使った方法で探す

これからもずっと守り続けていく視点

section 9

WEBマーケティングにおいてこれからも変わらない普遍的なこと

これからWEBマーケティング市場にどんなに新しい技術が現われても、変わらない普遍的なことがあることをお伝えして、本書の最終項としたいと思います。

マーケティングにおいて普遍的な５つの要素

左のページにある通り、マーケティングにおける5つの要素があります。

1つ目が個人分析・個人対応です。消費が多様化していると言われて久しくなりましたが、今はターゲットをグルーピングするというよりも、いかに個人別のマーケティング活動が展開できるかということが求められています。もちろん効率的に行なわなくてはいけませんから、そこにはAIやマーケティングオートメーションなどの技術が必要になります。ビッグデータを扱うようになったとしても、目的は1人ひとりの対応をどう具現化するか。そのための手法の1つとしてWEBマーケティングがあるということを忘れないようにしましょう。そこには購買心理が存在し、その購買心理をどうひも解くか、数字で検証しやすいWEBの各種解析ツールはもちろんのこと、顧客に直接聞くグループインタビューなどを含めた定量的な（数値的な）側面と数値では測りきれない定性的な側面の両立を図っていかなくてはならないことは今までのマーケティング活動と本質的には変わりません。それを押さえた上で、コミュニティ化・拡散へとつなげていくのです。

ただ、大量にリーチすればいいというものではなく、全人口総メディア化の時代といえる今、人に推薦したくなる、人につなげたくなる要素を付加することと、その流れが組めるような媒体展開を行なうことです。そして、それらは従来通り年間販促計画に基づくものであり、実行した後の検証があることも本質的には変わりません。

デジタル分野がどんなに進化を遂げようとも、企業の販促活動をどう最適化するかという観点においては、WEBのツールがすべてを解決してくれるわけではなく、それらツールを活用し

マーケティングにおいて普遍的な5大要素

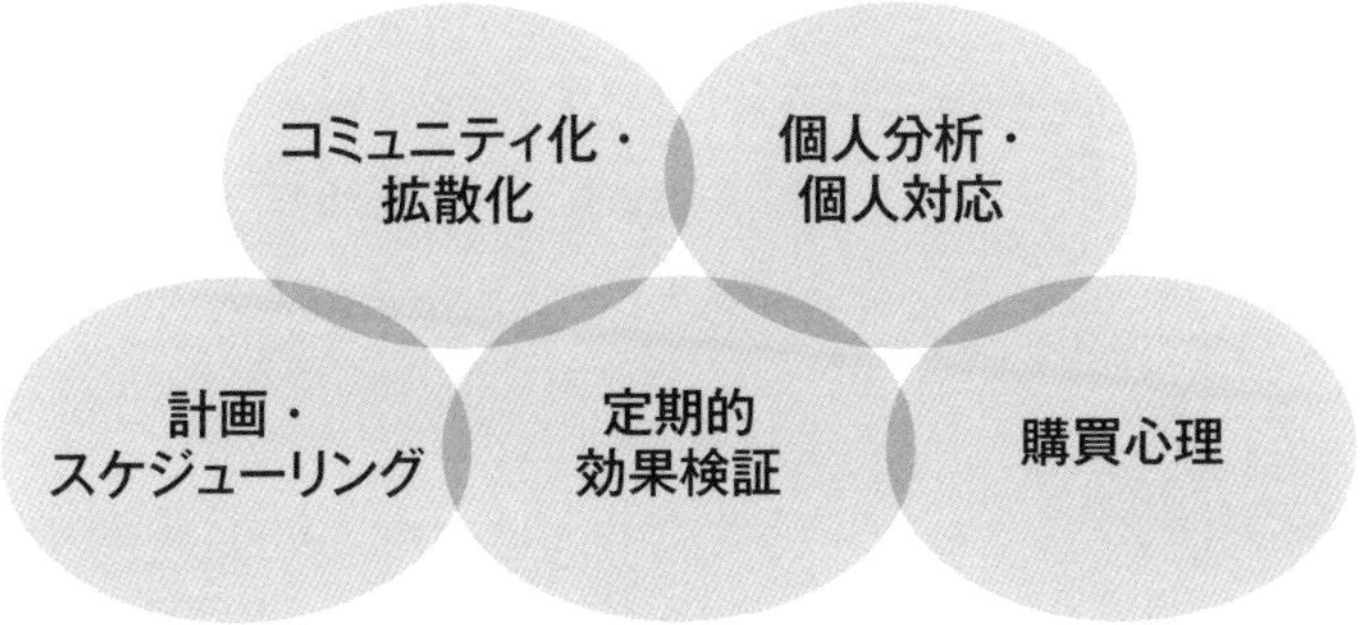

デジタルマーケットにおいて勝つビジネスモデルを
構築するために必須の3つの要素

個人化　**生産性向上**　**プラットフォーム化**

ながら全体の計画を組み、店頭や紙媒体との連携も含めて顧客と的確にコミュニケーションをとり、事後にそれを数値検証するというサイクルを回し続ける努力が大切なのです。

これらの要素をより確実なものにするために個人化、生産性向上、プラットフォームというポイントを押さえたビジネスが、今後市場に大きく寄与していくものになっていくのだと思います。このビジネスモデルを生み出す側に回るのか、それとも使う側に回るのか、それはすべて皆さんの今後の行動にかかっています。そうしたビジネスのヒントや有用なモデルが現れたとき、その兆候を見逃さず、うまくビジネスを展開することが求められるのです。

■著者略歴

高山奨史（たかやま しょうじ）

船井総合研究所 ダイレクトリクルーティング室 部長
同社のWEB事業組織の部長としてWEBマーケティング/WEBコンサルティング活動に従事。WEBマーケティング支援、WEB制作、WEBリニューアル案件をはじめとして、これまで200件以上のWEBプロジェクトに携わる。業種・業界、そして企業規模を問わず、そのコンサルティング手法は好評で、日本でもトップクラスの手腕を持つコンサルタントとして評価されている。

佐久間俊一（さくま しゅんいち）

船井総合研究所 広告・印刷グループ グループマネージャー/シニア経営コンサルタント
船井総研における広告ビジネスの代表的コンサルタント。特に業績目標から逆算したプロモーション設計やＷＥＢと折込み、ＷＥＢとマス媒体や店頭も連動させた企画立案に長けており、中小クライアントから大手まで幅広い広告戦略構築の実績を誇る。

新倉竜也（にいくら たつや）

船井総合研究所 人材ビジネスコンサルティンググループ グループマネージャー/チーフエグゼクティブ経営コンサルタント
人材採用スキームの構築をはじめ、事業承継や内部の人材・組織の課題まで総合的に指導する船井総研トップクラスのコンサルタント。700名を超えるコンサルタントの中で、2015・2016年度のコンサルティング依頼実績No.1。数多くのクライアントの業績アップを達成し、人材ビジネスグループの長として、日々コンサルティングに従事している。

砂川正樹（すなかわ まさき）

船井総合研究所 住宅・不動産支援部 グループマネージャー/エグゼクティブ経営コンサルタント
住宅・不動産業界を中心にコンサルティングに従事。特にインターネットを活用したＷＥＢコンサルティングは業界第一人者で、さまざまな成功事例をプロデュース。これまで手がけてきた企業規模は年商数億円の会社から上場企業まで幅広く、クライアント企業の規模に適した最適な提案は多くのクライアントから定評がある。

村田泰子（むらた やすこ）

船井総合研究所 人材ビジネスチーム チームリーダー/チーフ経営コンサルタント
入社後は、士業はじめ専門職を中心とした、WEBマーケティング戦略に従事。当たるホームページ制作の勉強会の主催者として、業績に直結するサイト構築のルール化を行なってきた。現在は、WEBを活用した人材募集のコンサルティングスキームを開発、展開している。

宮本賢一（みやもと けんいち）

船井総合研究所 広告・印刷グループ
2015年船井総研に入社。広告会社専門チームのメンバーとして、WEB事業に本格参入する広告会社の支援一本に絞って行なっている。前職のＳＰ会社での経験を活かし、企画立案から営業同行まで現場最前線のサポートに対する顧客からの信頼が厚い。

中本裕之（なかもと ひろゆき）

船井総合研究所 広告・印刷グループ
船井総研にて広告ビジネスを専門とする広告・印刷グループにおいてすべての業務の中心的役割を担う。日本を代表するWEB関連の多くの会社と打ち合わせを重ね、広告主にいかに効果のある広告展開を提供するかというノウハウを蓄積している。数値的根拠と具体的な実行内容の 両立を図ることのできる広告展開の提案には定評がある。

なるほど！　これでわかった
図解　よくわかるこれからのWEBマーケティング

平成29年8月10日　初版発行

著　者 —— 船井総合研究所

発行者 —— 中島治久

発行所 —— 同文舘出版株式会社

東京都千代田区神田神保町1-41　〒101-0051
電話　営業03（3294）1801　編集03（3294）1802
振替00100-8-42935

ISBN978-4-495-53781-4

印刷／製本：萩原印刷
Printed in Japan 2017